Imparo l'italiano 1

STUDENT'S BOOK

Stefano Meregalli   Carlo Felicetti   Claudia D'Ercole
Åsa Rääf   Monica Vessberg

LONGMAN GROUP LIMITED
Longman House, Burnt Mill, Harlow, Essex CM20 2JE, England
and Associated Companies throughout the World

© Copigraf, Milano, and Natur och Kultur, Stockholm, 1980
© English edition, Longman Group Limited 1983

First published in Sweden by Natur och Kultur in 1980
First published in Great Britain by Longman Group Limited 1983

ISBN 0 582 20346 5

Printed in Italy
by Copigraf, Milano

CONTENTS

TO THE STUDENT

Imparo l'italiano is a beginners course in Italian in three stages. It can be used by students in schools, colleges and institutes of adult education.

Imparo l'italiano Student's Book One consists of 12 Units, each comprising:

— a narrative introductory text with accompanying illustrations
— key phrases relevant to the unit
— practice exercises
— dialogue related to the introductory text

The texts in Imparo l'italiano Stage One reflect different aspects of Italian everyday life and the exercises are contextualised. The aim is to allow the students to speak and understand everyday Italian right from the start.

Approximately one thousand of the most common words are introduced, of which seven hundred are intended for active learning.

The questions can be used in a variety of ways. The students may answer the questions verbally with the aid of the illustrations, or they may give written answers. The exercises are not structured in the traditional way, providing as they do a background of reality. The illustrations provide the students with cues to the questions and help them provide the correct answers.

The texts and dialogues are recorded on cassette.

PRESENTAZIONE DEL LIBRO

Ciascuno dei 12 capitoli del libro di testo è composto di quattro parti:

I PARTE
Caratteristiche

a) Testo, b) Gruppo di domande e risposte
a) Il testo, basato su una situazione,è in terza persona,
cioè in forma descrittiva. Un disegno ne illustra almeno una parte.
b) Le domande e risposte, in forma dialogata, completano la
presentazione delle strutture grammaticali della lezione.

Scopo
a) Il testo è un elemento indispensabile perché offre agli allievi
un'occasione di lettura (o ascolto) e comprensione e inoltre dà loro la
possibilità di conversare.
b) Le domande e risposte offrono in anticipo, insieme al testo,un
riepilogo della grammatica che verrà successivamente trattata.

II PARTE
Caratteristiche

Unità con frasi e illustrazioni
Questa parte è costituita da alcune unità indicate con
lettere in ordine alfabetico e con un titolo. Ogni frase è illustrata
con una figura.

Scopo
Ogni unità introduce almeno una regola grammaticale. Tutte le frasi
di un'unità contengono la stessa o le stesse regole. Inoltre le unità
presentano in anticipo quegli stimoli visivi che sono un elemento
essenziale per le successive esercitazioni.

III PARTE
Caratteristiche

Esercizi
Questa parte comprende esercizi, tutti in forma dialogata, basati
sugli stimoli visivi introdotti nella parte precedente. Ogni esercizio
è indicato da un numero e porta come intestazione la regola che viene
esercitata.

Scopo
Questa parte serve ad esercitare le regole grammaticali con l'aiuto
delle figure. Tale esercizio avvicina l'allievo alla situazione reale
e gli evita il pericolo dell'esercitazione meccanica perché lo
costringe a «capire» quello che dice.

IV PARTE
Caratteristiche

Dialogo
Il dialogo conclusivo si rifà al contenuto del testo iniziale.
In questo dialogo vengono usate, in un contesto più ampio, le
strutture trattate singolarmente nelle parti precedenti.

Scopo
Il dialogo vuole dare all'allievo la possibilità di entrare in una
«parte» ed eventualmente di « recitarla». Inoltre il dialogo può
essere usato per favorire una conversazione dove è richiesta la
trasformazione delle forme verbali e pronominali ed il cambiamento
delle espressioni temporali.

SUGGERIMENTI SU COME USARE IL LIBRO

Queste note vogliono offrire una serie di indicazioni e
suggerimenti sul modo come meglio utilizzare le quattro parti
di cui sono composti i capitoli del libro.

I PARTE   **Testo**
La trattazione di questa parte deve portare l'allievo a comprendere
il testo, anche ascoltandolo, in modo da essere capace di sviluppare,
adeguatamente al livello, una conversazione sul contenuto stesso.

Per arrivare a ciò l'insegnante può utilizzare diverse fasi.
Qui desideriamo indicarne alcune anche se non vogliamo fissarne
un ordine e stabilire la loro assoluta necessità in ogni situazione
d'insegnamento.

La trattazione del testo può essere preceduta da una breve
narrazione del contenuto. Per far ciò l'insegnante dovrà usare
possibilmente l'italiano, tenendo conto del livello raggiunto, ma
anche servendosi, se necessario, della lingua madre dell'allievo.

La trattazione vera e propria può essere iniziata con:
.   l'ascolto del testo da parte dell'allievo (senza
       guardare sul libro) con eventuale ripetizione in coro
       e singolarmente,
.   il testo può essere ascoltato e letto contemporaneamente
       dall'allievo (a bassa voce),
.   infine il testo può essere letto ad alta voce dall'allievo.

La trattazione del testo può essere completata:
.   da alcune indicazioni di carattere grammaticale,
.   da ulteriori spiegazioni relative alla traduzione,
.   e da eventuali correzioni di pronuncia ed intonazione.

Poichè alcuni testi sono ricchi di vocaboli è bene distinguere
il numero delle parole che vengono usate per capire (vocabolario
passivo) dal numero di parole che vengono usate per farsi capire
(vocabolario attivo). Cioè, quanto l'allievo saprà dire sarà
basato su una scelta di parole importanti che corrisponderà ad
una parte di tutte le parole contenute nel testo.
Passivamente l'allievo sarà comunque in grado di "riconoscere"
la gran parte dei vocaboli del testo.

Le domande e risposte sotto il testo possono essere utilizzate
dall'insegnante per una rapida presentazione delle regole che verranno
successivamente trattate in modo approfondito.

II PARTE	**Unità con frasi e illustrazioni**

Unità con frasi e illustrazioni

La trattazione di questa parte deve condurre l'allievo alla conoscenza globale delle regole grammaticali in essa contenute, all'assimilazione degli stimoli visivi ed alla compresione orale e scritta delle frasi.
Per giungere a ciò l'insegnante può avvalersi delle seguenti fasi:

.   gli allievi possono anzitutto ascoltare le frasi mentre guardano le figure (con eventuale ripetizione),

.   l'insegnante può chiarire e tradurre il contenuto delle frasi,

.   gli allievi ascoltano le frasi e guardano contemporaneamente le frasi stesse sul libro,

.   quindi gli allievi leggono ad alta voce le frasi sul libro,

.   gli allievi cercano infine di ripetere le frasi guardando soltanto le figure, coprendo cioè il testo,

.   l'insegnante deve naturalmente spiegare teoricamente le regole grammaticali. Ogni unità contiene, nelle sue frasi, almeno una regola.

E' importante trattare questa parte accuratamente facendo ricorso alle fasi sopraindicate senza limitare il tempo ad esse necessario. Una trattazione accurata di questa parte è indispensabile per la efficace esecuzione degli esercizi contenuti nella parte successiva.

III PARTE   **Esercizi**

Questa parte deve portare l'allievo a saper usare le regole in un modo che si avvicini il più possibile ad una situazione reale, quella, cioè, in cui si trova quando deve rispondere alle domande o deve farle conversando con italiani.
Per giungere a ciò gli esercizi possono essere utilizzati come segue:

.   l'allievo può leggere le domande e rispondere ad esse con l'aiuto delle figure e secondo la frase campione,

.   ancor meglio l'allievo potrà ascoltare la domanda e rispondere ad essa senza leggere ma sempre con l'ausilio della figura e naturalmente della frase campione.

.   In alcuni esercizi sarà possibile all'allievo formulare anche la domanda per mezzo della figura e della frase campione,

.   tutti gli esercizi svolti oralmente, possono essere fatti per iscritto se lo si ritiene necessario.

IV PARTE

Dialogo

Quanto è stato detto per il testo (prima parte) vale anche per il dialogo. Come nel testo, l'insegnante può iniziare con un riassunto del contenuto presentando anzitutto i personaggi. Anche qui gli allievi possono ascoltare il dialogo senza guardare sul libro e/o possono ascoltare e leggere contemporaneamente a bassa voce.

L'unica fase che differenzia il dialogo dal testo in terza persona è "l'interpretazione" che gli allievi, secondo il numero dei ruoli, devono eseguire quando leggono ad alta voce. E' bene che l'allievo entri nella "parte" il più possibile. Ciò lo stimolerà ad un apprendimento più sentito e vivo e, in definitiva, più efficace.

I capitoli del libro sono strutturati in modo che possano essere suddivisi secondo le esigenze del gruppo e del numero di ore a disposizione e secondo le capacità degli allievi.
Non è assolutamente necessario che ogni capitolo del libro corrisponda a una lezione d'insegnamento.

USO DEI NASTRI

Oltre che per le parti I, II e IV, l'insegnante può servirsi con efficacia del nastro anche per gli esercizi (III parte), soprattutto quando desidera che l'allievo ascolti le domande (senza leggere il testo) e che risponda ad esse con il solo aiuto della figura.
L'allievo potrà controllare sempre, anche quando userà i nastri, l'esito del proprio lavoro guardando nel "libro dei commenti" le soluzioni degli esercizi.

IN SOGGIORNO

2

Carla Verdi è di Roma. Abita in un appartamento di
tre stanze.
Ora Carla è in soggiorno con un amico, Paolo Merlini.
Questo signore non è di Roma, è di Venezia.
Paolo Merlini è in visita da Carla.
In soggiorno, a sinistra, c'è un tavolo. Su questo tavolo
c'è un vaso. A destra c'è un divano e anche una poltrona.
Dietro questa poltrona c'è una lampada.

Dov'è Carla?   Carla è in soggiorno.
Cosa c'è su questo tavolo?   Su questo tavolo c'è una bottiglia.
Di dov'è, signorina Verdi?   Sono di Roma.
E Lei è di Roma, signore?   No, non sono di Roma, sono di Venezia.

Su un tavolo c'è una bottiglia.
Questo tavolo è a sinistra.

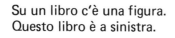

Su una sedia c'è una borsa.
Questa sedia è a destra.

Su una cartolina c'è un francobollo.
Questa cartolina è a destra.

Su un libro c'è una figura.
Questo libro è a sinistra.

Su un letto c'è un vestito.
Questo letto è a destra.

Su un piatto c'è un coltello.
Questo piatto è a sinistra.

Su una poltrona c'è un cappello.
Questa poltrona è a sinistra.

Su un tavolo c'è una tazza.
Questo tavolo è a destra.

B Una città per ogni persona

Carla Verdi.
Questa signorina è di Roma.

Carlo Colombo.
Questo signore è di Milano.

Paolo Merlini.
Questo signore è di Venezia.

Carmela Esposito.
Questa signora è di Napoli.

Maria Monti.
Questa signora è di Pisa.

Mary Austin.
Questa signorina è di Londra.

Britta Olsson.
Questa signorina è di Stoccolma.

Brigitte Ginet.
Questa signora è di Parigi.

Esercizio 1   Questo, questa   Un, una   C'è

. *Cosa c'è su questo tavolo?*
— *C'è una bottiglia.*

1 .
 —
2 .
 —
3 .
 —
4 .
 —
5 .
 —
6 .
 —
7 .
 —

 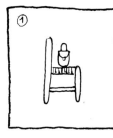 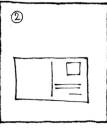 

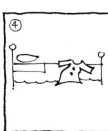 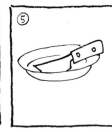 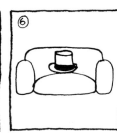 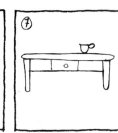

Esercizio 2   E' di . . . . .

. *Di dov'è Paolo Merlini?*
— *E' di Venezia.*

1 .
 —
2 .
 —
3 .
 —
4 .
 —
5 .
 —
6 .
 —
7 .
 —

Esercizio 3   Sono di .....

. Di dov'è, signorina?　　　— *Sono di Roma* .
. E Lei di dov'è, signore?　— *Sono di Venezia.*

1 .　Di dov'è, signora?　　　—
　.　E Lei di dov'è, signora?　—

2 .　Di dov'è, signorina?　　—
　.　E Lei di dov'è, signore?　—

3 .　Di dov'è, signora?　　　—
　.　E Lei di dov'è, signorina? —

Esercizio 4   Sì, sono ..... No, non sono .....

. E' di Roma, signorina?　　　　　— *Sì, sono di Roma* .
. Anche Lei è di Roma, signore?　— *No, non sono di Roma,*
　　　　　　　　　　　　　　　　　　　　sono di Venezia .

1 .　E' di Pisa, signora?　　　　　—
　.　Anche Lei è di Pisa, signora?　—

2 .　E' di Parigi, signora?　　　　　　—
　.　Anche Lei è di Parigi, signorina?　—

3 .　E' di Milano, signore?　　　　　　—
　.　Anche Lei è di Milano, signorina? —

Per strada

Sig. Merlini　.　Scusi, signora, c'è un fioraio
　　　　　　　　qui vicino?
Signora　　　— Sì, a Piazza di Spagna.
Sig. Merlini　.　Dov'è Piazza di Spagna?
Signora　　　— E' a destra, dietro questo palazzo.
　　　　　　　　Ma scusi, Lei non è di Roma?
Sig. Merlini　.　No, sono di Venezia e sono a Roma
　　　　　　　　in visita da un'amica. Grazie mille,
　　　　　　　　signora, e buongiorno.

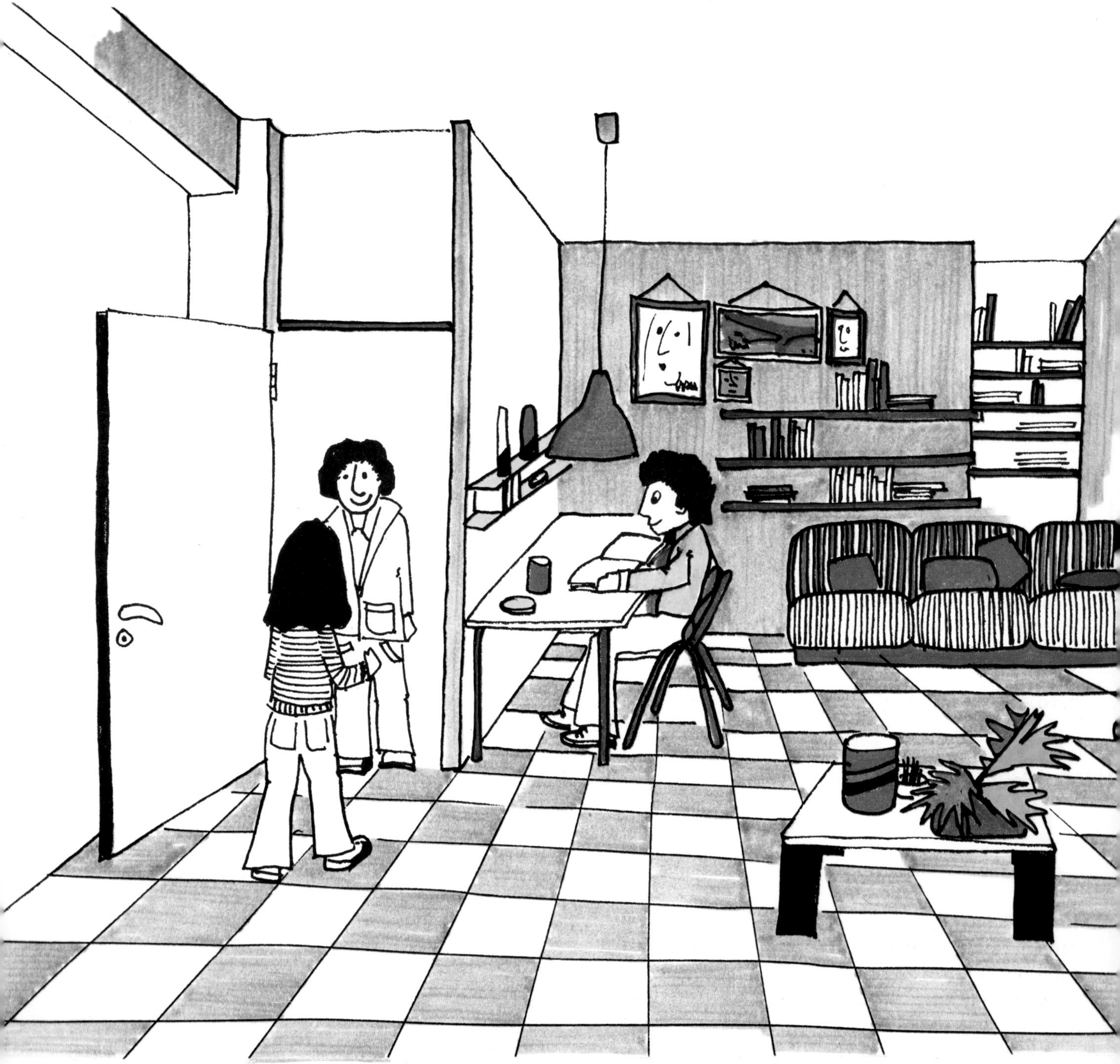

Sandro è a casa, aspetta Renato e ha voglia di uscire. Mentre
aspetta studia il tedesco. E' la lingua preferita di Sandro.
Sandro è molto bravo a scuola.

Sandro oggi ha una camicia gialla con una cravatta azzurra.
Sandro abita a Torino. La casa è moderna e la stanza di Sandro
è bella e comoda.

Renato è in ritardo, oggi, ma di solito è puntuale. Questa
volta la colpa è certamente di un autobus. Torino è una città
con molto traffico. Elena, la sorella di Sandro, apre la porta a Renato.
Elena è carina e simpatica. Renato ha un sorriso speciale per Elena.

Di che colore è la camicia di Sandro?	E' gialla.
Di chi è il libro di tedesco?	E' di Sandro.
E' tuo questo libro?	Sì, è mio.
Oggi sei in ritardo, Renato!	Sì, scusa, la colpa non è mia;
	di solito sono puntuale.
Chi è Elena?	E' la sorella di Sandro.

A   Il colore adatto

Oggi Laura ha il cappello azzurro
con la gonna azzurra.

Oggi Claudia ha la borsetta rossa
con il soprabito rosso.

Oggi Maria ha la cintura bianca
con il vestito bianco.

Oggi Franco ha la giacca nera
con il berretto nero.

Oggi Anna ha la sciarpa grigia
con il cappotto grigio.

Oggi Renato ha la cravatta gialla
con il vestito giallo.

Marco   è di Pisa,   è pisano; anche Chiara è di Pisa, è pisana.

Domenico   è di Napoli,   è napoletano; anche Carmela è di Napoli, è napoletana.

Pierre   è di Parigi,   è parigino; anche Brigitte è di Parigi, è parigina.

Paolo   è di Venezia,   è veneziano; anche Anna è di Venezia, è veneziana.

Gianni   è di Roma,   è romano; anche Maura è di Roma è romana.

C   La proprietà

Il libro di tedesco è di Sandro
e il libro di letteratura è di Elena.

Il cappello nero è di Anna
e il cappello rosso è di Carla.

La borsa scura è di Fabio
e la borsa chiara è di Piero.

La valigia piccola è di Marco
e la valigia gialla è di Maria.

Esercizio 1   Ha   Giallo, gialla   Il, la

. Franco ha la giacca nera oggi?

— *Sì, ha la giacca nera con il berretto nero.*

1 . Maria ha la cintura bianca oggi?   —
2 . Anna ha la sciarpa grigia oggi?   —
3 . Claudia ha la borsetta rossa oggi?   —
4 . Laura ha la gonna azzurra oggi?   —
5 . Renato ha la cravatta gialla oggi?   —

Esercizio 2   Chi?   Pisano, pisana

. Chi è di Pisa?

— *Chiara, è pisana.*

1 . Chi è di Napoli?   —
2 . Chi è di Parigi?   —
3 . Chi è di Roma?   —
4 . Chi è di Pisa?   —
5 . Chi è di Venezia?   —
6 . Chi è di Napoli?   —
7 . Chi è di Parigi?   —
8 . Chi è di Venezia?   —

Esercizio 3   Sei, sono   Romano, romana

GIANNI   MAURA

MARCO   CHIARA

PAOLO   ANNA

. *Sei di Roma, Gianni?*
— *Sì, sono romano.*
. *E tu di dove sei, Maura?*
— *Anch'io sono romana.*

1 .
   —

   .
   —

2 .
   —

   .
   —

3 .
   —

   .
   —

4 .
   —

   .
   —

BRIGITTE   PIERRE

DOMENICO   CARMELA

14

. Di chi è il cappello rosso?
. E il cappello nero è tuo?

1 . Di chi è il libro di letteratura?
. E il libro di tedesco è tuo?

2 . Di chi è la valigia gialla?
. E la valigia piccola è tua?

3 . Di chi è la borsa chiara?
. E la borsa scura è tua?

— *E' di Carla.*
— *Sì, è mio.*

—
—

—
—

—
—

Una visita

Elena	—	Ciao, Renato!
Renato	.	Ciao, Elena. E' a casa Sandro?
Elena	—	Sì, è a casa e studia.
Renato	.	Cosa studia?
Elena	—	Studia il tedesco, naturalmente.
Sandro	:	Ciao, Renato.
Renato	.	Ciao. Scusa Sandro, sono in ritardo perché oggi c'è molto traffico.
Sandro	:	Sono stanco di studiare e ho voglia di uscire.
Renato	.	Va bene, andiamo!

UNA RAGAZZA

Elena è una ragazza gentile e interessante. Ha un grande desiderio:
viaggiare. Ama la natura e la musica. Elena è sempre elegante ma in un
modo semplice. Oggi ha una gonna azzurra con una grande cintura e una
camicetta celeste.

La camera di Elena è piccola e accogliente: il letto ha una coperta
arancione, il tavolo è verde e anche l'armadio è verde. Il pavimento
è però marrone.

In Italia, con una persona che non è un amico o un parente, è ancora
una formalità indispensabile dire «signora», «signorina», «signor».
Spesso anche con una persona giovane. A scuola non è così. Sandro,
ad esempio, usa la forma confidenziale con ogni compagno.

Buona sera, signora Benso!	Buon giorno, Renato!
Ciao, Sandro!	Arrivederci, Elena!
E' Suo questo libro, signora?	Sì, grazie, è mio.
Hai voglia di uscire, Elena?	No, grazie, stasera non ho voglia, sono stanca.
Ha voglia di uscire, signor Benso?	No, grazie, ho mal di testa.

A Stessa nazione, differente città

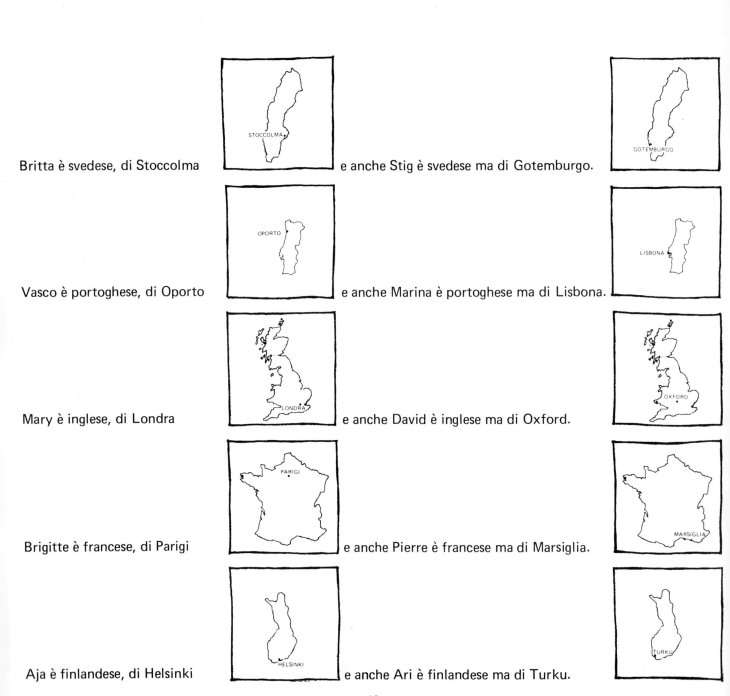

Britta è svedese, di Stoccolma · · · e anche Stig è svedese ma di Gotemburgo.

Vasco è portoghese, di Oporto · · · e anche Marina è portoghese ma di Lisbona.

Mary è inglese, di Londra · · · e anche David è inglese ma di Oxford.

Brigitte è francese, di Parigi · · · e anche Pierre è francese ma di Marsiglia.

Aja è finlandese, di Helsinki · · · e anche Ari è finlandese ma di Turku.

B C'è voglia e voglia

Oggi Elena ha voglia di andare a ballare
e Clara ha voglia di andare a teatro.

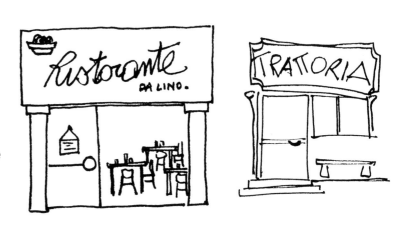

Oggi Renato ha voglia di mangiare in un ristorante
e Carlo ha voglia di mangiare in una trattoria.

Oggi Anna ha voglia di leggere un libro
e Luisa ha voglia di leggere una rivista.

Oggi Mauro ha voglia di bere vino rosso
e Paolo ha voglia di bere vino bianco.

C Stesso colore per madre e figlia

La signorina Merlini ha una giacca verde
e la signora Merlini ha un soprabito verde.

La signorina Benso ha una sciarpa verde
e la signora Benso ha un cappello verde.

La signorina Carli ha una camicetta celeste
e la signora Carli ha un vestito celeste.

La signorina Colombo ha una maglietta arancione
e la signora Colombo ha un cappello arancione.

Esercizio 1   Svedese, svedese

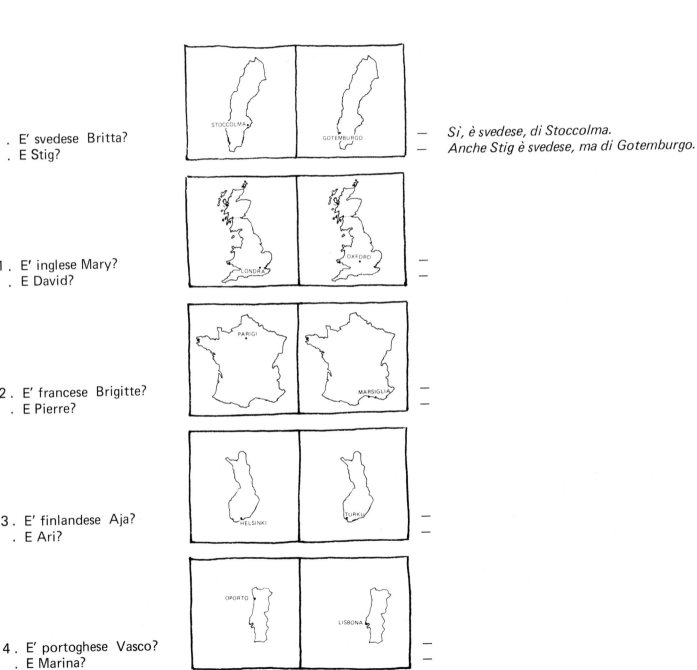

. E' svedese Britta?
. E Stig?

   — *Sì, è svedese, di Stoccolma.*
   — *Anche Stig è svedese, ma di Gotemburgo.*

1 . E' inglese Mary?
  . E David?

2 . E' francese Brigitte?
  . E Pierre?

3 . E' finlandese Aja?
  . E Ari?

4 . E' portoghese Vasco?
  . E Marina?

Esercizio 2   Hai, ho

.   Elena, hai voglia di andare a teatro?
— *No, ma ho voglia di andare a ballare.*

1. Mauro, hai voglia di bere vino bianco?   —
2. Anna, hai voglia di leggere una rivista?   —
3. Carlo, hai voglia di mangiare in un
    ristorante?   —
4. Paolo, hai voglia di bere vino rosso?   —
5. Clara, hai voglia di andare a ballare?   —
6. Luisa, hai voglia di leggere un libro?   —
7. Renato, hai voglia di mangiare in una
    trattoria?   —

Esercizio 3   Ha, ho   Verde, verde

.   Ha un soprabito verde, signorina Merlini?
— *No, ho una giacca verde.*

1. Ha un cappello arancione, signorina
    Colombo?   —
2. Ha un vestito celeste, signorina Carli?   —
3. Ha un cappello verde, signorina Benso?   —

Esercizio 4 Mio, mia Suo, sua

. *Signorina Merlini, questa giacca verde è Sua?*
— *Sì, grazie è mia.*

1 . —
2 . —
3 . —
4 . —
5 . —
6 . —
7 . —

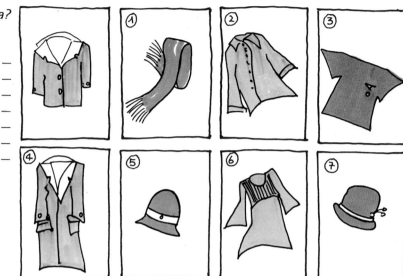

Un incontro

Rita	. Ciao, Elena.
Elena	— Ciao.
Rita	. Quanti pacchi!
Elena	— Sì, ho comprato un vestito, una giacca e una camicetta a questa svendita.
Rita	. Com'è la giacca?
Elena	— E' marrone, molto elegante. E' di pura lana.
Rita	. Tu sei sempre elegante.
Elena	— Grazie.
Rita	. Andiamo a prendere un caffè?
Elena	— No, non posso. Purtroppo ho un appuntamento col dottore fra mezz'ora. Aspetto mia madre.
La madre	: Ciao, Rita
Rita	. Buongiorno, signora.
La madre	: E' già mezzogiorno, Elena!
Elena	— Sì, è vero. E' tardi. Andiamo, mamma!
La madre	: Ciao, Rita.
Rita	. Arrivederci, signora. Ciao, Elena.

Questo è uno scompartimento di seconda classe su un treno fra Roma e
Milano. Lo scompartimento è pieno di persone, valigie, borse e pacchi.
Tre persone sono di Roma, due sono di Orvieto e due di Napoli.

C'è anche uno straniero. Hanno tutti fretta di arrivare a Milano.
I romani non hanno molti bagagli. Lo straniero
ha, invece, due valigie e due borse. A Milano prende un altro treno.
Abita a Ginevra, in Svizzera. I due ragazzi di Napoli hanno un pacco
e due valigie. Sono in viaggio per il nord. Hanno un lavoro per venti
settimane in una grande fabbrica a Francoforte, in Germania.

Quasi tutti hanno molte cose da dire tranne lo straniero perché ha
difficoltà con la lingua. Le due signore di Orvieto non hanno
voglia di parlare. Hanno sonno, probabilmente.

Quante borse avete?	Abbiamo due borse.
Siete di Firenze?	No, siamo di Roma.
Da quante ore siete in viaggio?	Siamo in viaggio da tre ore.

A Amici in viaggio

Maria e Bruno sono a Colonia, in Germania.

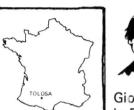 

Giovanni e Piero sono a Tolosa, in Francia.

Carla e Anna sono a Lucerna, in Svizzera.

Luigi e Paola sono a Malaga, in Spagna.

Mauro e Roberta sono a Oxford, in Inghilterra.

Sandro e Elena sono a Gotemburgo, in Svezia.

B Stesse cose, persone differenti

Roberto e Mauro hanno tre borse. Questa borsa nera è di Roberto e queste sono di Mauro.

  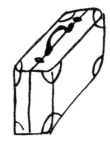 

Fabio e Dario hanno tre valigie. Questa valigia bianca è di Fabio e queste sono di Dario.

Carmela e Maria hanno tre pacchi. Questo pacco grigio è di Carmela e questi sono di Maria.

Anna e Elena hanno tre libri. Questo libro di storia è di Anna e questi sono di Elena.

Renato ed Emilio hanno tre scatole di fiammiferi. Questa scatola di cerini è di Renato e queste sono di Emilio.

Bruno e Antonio hanno tre pacchetti di sigarette. Questo pacchetto di Marlboro è di Bruno e questi sono di Antonio.

C   Bisogni differenti durante il viaggio

Luigi e Carlo sono di Roma.
Sono in viaggio da 4 (quattro) ore. Hanno fame.

Fabio e Dario sono di Firenze.
Sono in viaggio da 6 (sei) ore. Hanno sete.

Carmela e Domenico sono di Napoli.
Sono in viaggio da 5 (cinque) ore. Hanno sonno.

Piero e Paolo sono di Pisa.
Sono in viaggio da 8 ore. Hanno freddo.

D   «S» impura

Lo specchio è in questa borsetta.
E' uno specchio quadrato.

Lo scompartimento vuoto è in questo vagone.
E' uno scompartimento di prima classe.

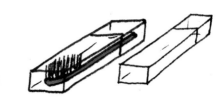

Lo spazzolino è in questo astuccio.
E' uno spazzolino rosso.

Lo scompartimento pieno è in questo vagone.
E' uno scompartimento di seconda classe.

Lo specchio è in questa valigia.
E' uno specchio rotondo.

Lo spazzolino è in questo bicchiere.
E' uno spazzolino verde.

Esercizio 1   Sono a Colonia, in Germania

. Maria e Bruno sono in Svezia?
— *No, sono a Colonia, in Germania.*

1 . Luigi e Paola sono in Sardegna?   —
2 . Giovanni e Piero sono in Svizzera?   —
3 . Carla e Anna sono in Inghilterra?   —
4 . Mauro e Roberta sono in Germania?   —
5 . Sandro e Elena sono in Spagna?   —

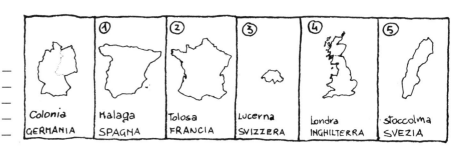

Esercizio 2   Sono   Questi, queste

. E' di Mauro questa borsa?

— *No, questa borsa è di Roberto, queste sono di Mauro.*

1 . E' di Dario questa valigia?   —
2 . E' di Elena questo libro?   —
3 . E' di Antonio questo pacchetto di sigarette?   —
4 . E' di Maria questo pacco?   —
5 . E' di Emilio questa scatola di fiammiferi?   —

 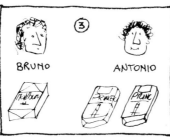  

Esercizio 3   Hanno   Borsa, borse   Libro, libri

. *Hanno solo una borsa? — No, hanno tre borse.*

1 .   —
2 .   —
3 .   —
4 .   —
5 .   —

Esercizio 4   Avete, abbiamo

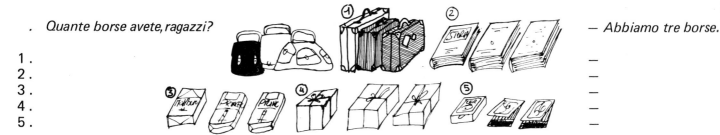

. *Quante borse avete, ragazzi?*   — *Abbiamo tre borse.*

1 .   —
2 .   —
3 .   —
4 .   —
5 .   —

Esercizio 5   Siete, siamo   Avete, abbiamo   Numeri da 1 a 10

. Siete di Venezia?   — *No, siamo di Pisa.*
. Da quante ore siete in viaggio?   — *Siamo in viaggio da otto ore.*
. Avete sonno?   — *No, abbiamo freddo.*

1 . Siete di Firenze?   —
   . Da quante ore siete in viaggio?   —
   . Avete sete?   —

2 . Siete di Torino?   —
   . Da quante ore siete in viaggio?   —
   . Avete freddo?   —

3 . Siete di Roma?   —
   . Da quante ore siete in viaggio?   —
   . Avete fame?   —

Esercizio 6   Uno spazzolino, lo spazzolino

. Dov'è lo scompartimento pieno? — E' in questo vagone.
. E' uno scompartimento di prima classe? — No, è uno scompartimento di seconda classe.

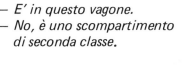

1 . Dov'è lo spazzolino? —
. E' uno spazzolino rosso? —

2 . Dov'è lo specchio? —
. E' uno specchio quadrato? —

3 . Dov'è lo scompartimento vuoto? —
. E' uno scompartimento di seconda classe? —

4 . Dov'è lo spazzolino? —
. E' uno spazzolino verde? —

5 . Dov'è lo specchio? —
. E' uno specchio rotondo? —

Esercizio 7   Essere. Tutte le forme

. Sei di Firenze? — No, sono di Pisa.

1 . Signora, Lei è di Roma? —
2 . E voi siete di Ravenna? —
3 . E' di Milano la signora Pardi? —
4 . E i signori Bacilieri sono di Bolzano? —
5 . E' di Torino Giorgio? —
6 . E tu sei di Palermo? —

4 10 6 8 7 3 2 9 1 5

Esercizio 8   Essere.   Tutte le forme

. Da quante ore siete in viaggio?   — *Siamo in viaggio da 5 ore.*

1 . Da quante ore è in viaggio, signora?   —
2 . Da quante ore è in viaggio Paola?   —
3 . Da quante ore sono in viaggio Marco e Gianni?   —
4 . Da quante ore sei in viaggio?   —
5 . Da quante ore è in viaggio la signora Pieroni?   —
6 . Da quante ore siete in viaggio?   —

Esercizio 9   Avere. Tutte le forme

. Quante riviste ha, signora?   — *Ho due riviste.*

1 . Quanti vestiti hai?   —
2 . Quante borse avete?   —
3 . Quanti pacchetti di sigarette ha Lina?   —
4 . Quanti figli hanno i signori Merenda?   —
5 . Quante valigie ha, signorina?   —
6 . Quante macchine ha la signora Marcelli?   —
7 . Quanti dischi avete, ragazzi?   —

Esercizio 10   Avere. Tutte le forme

.   Avete fame?
— *No, abbiamo sete.*

1   .   Hai freddo?   —
2   .   Ha sonno, signorina?   —
3   .   Ha sete Milena?   —
4   .   Hanno sonno Mariella e Michele?   —
5   .   Avete caldo?   —
6   .   Ha fame il signor Risi?   —

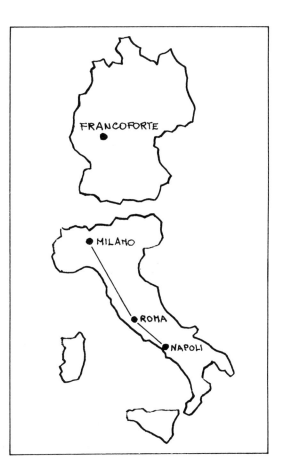

Su un treno per Milano

Napoletano	. Scusi, ha un cerino.... ?
Romano	— Sì, prego.
Napoletano	. Grazie mille! Lei è romano, vero?
Romano	— Sì, e Lei di dov'è?
Napoletano	. Io e mio fratello siamo di Napoli e abbiamo un lavoro a Francoforte, in Germania.
Romano	— Io sono studente in medicina. A Milano c'è una buona università di medicina e poi ci sono molte possibilità di lavoro.
Napoletano	. I buoni lavori sono sempre al nord e noi abbiamo la sfortuna di abitare al sud, vero?
Romano	— Eh sì, purtroppo è così.

IN UN NEGOZIO
DI FRUTTA E VERDURA

La signora Colombo abita in un quartiere popolare di Milano, il quartiere Garibaldi. Questo quartiere è pieno di piccoli negozi, soprattutto di alimentari. Qui, ogni giorno, la signora Colombo compra le cose necessarie per la casa: la frutta, la verdura, il pane, il vino, il burro, lo zucchero, la birra, l'olio, l'aceto, il latte, il sale, la carne, il pesce ecc...

La signora Colombo abita in questo quartiere da nove anni. Passa volentieri in diversi negozi anche solo per salutare.

Oggi la signora Colombo entra in un negozio di frutta e verdura. Desidera comprare «banane mature», «fagioli teneri», «peperoni rossi». La signora Maria, la fruttivendola, pesa la frutta e la verdura, conta i soldi, consegna i sacchetti, ringrazia e saluta. Non c'è fretta.
Per le donne di questo quartiere la spesa è «l'incontro» con le amiche.

Dove abita Lei, signora?	Abito a Roma.
Anche Mario abita a Roma?	No, lui abita a Milano adesso.
Arrivi col treno, tu?	No, con l'aereo.
E voi con che cosa arrivate?	Noi arriviamo col treno.
Chi compra la frutta?	Lei compra le pesche e le mele e loro comprano le banane.
Chi desidera queste pere?	Io, se sono mature.

A La signora Colombo compra verdura

La signora Colombo compra i piselli,
i pomodori,
le cipolle,
i peperoni,
le patate,
i fagiolini,
le carote,
i cetrioli.

B Situazioni di tutti i giorni

Fabio e il signor Rossi fumano la pipa. Giorgio fuma il sigaro.
Il signor Adami e Mario ascoltano il disco. Sandra ascolta la radio.
Anna e la signora Fabbri comprano le banane. Luisa compra le pere.
Carla e la signora Marchi entrano in farmacia. Marcella entra in libreria.
Teresa e la signora Vittori arrivano con il treno. Enrico arriva con l'aereo.
Claudia e la signora Angeli preparano l'insalata. Eva prepara la torta.
Carlo e il signor Lauri parlano con Bernardo. Paolo parla con Dario.
Roberto e il signor Benedetti abitano a Pisa. Fulvia abita a Roma.

C Come la signora Colombo desidera frutta e verdura

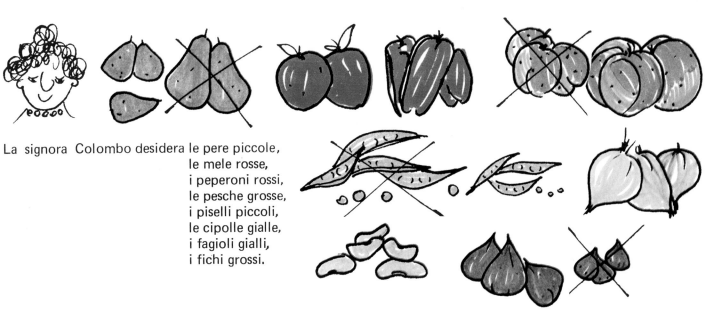

La signora Colombo desidera le pere piccole,
le mele rosse,
i peperoni rossi,
le pesche grosse,
i piselli piccoli,
le cipolle gialle,
i fagioli gialli,
i fichi grossi.

D Le azioni di sette persone

Mario dimentica l'ombrello in un negozio.
E' un ombrello rosso.

Anna mangia l'arancia come dessert.
E' un'arancia rossa.

Piero compra l'orologio d'oro.
E' un orologio svizzero.

Carlo prenota l'albergo a Roma.
E' un albergo di prima categoria.

Franca prepara l'insalata per il pranzo.
E' un'insalata di pomodori.

Carla ordina l'enciclopedia Treccani.
E' un'enciclopedia molto cara.

Claudio visita l'isola d'Elba.
E' un'isola molto bella.

37

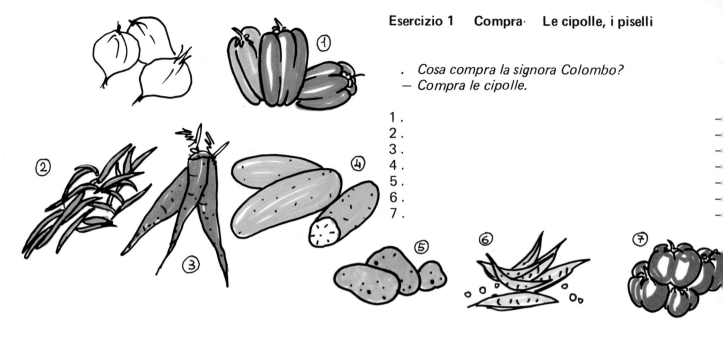

Esercizio 1   Compra·   Le cipolle, i piselli

. *Cosa compra la signora Colombo?*
— *Compra le cipolle.*

1 .
2 .
3 .
4 .
5 .
6 .
7 .

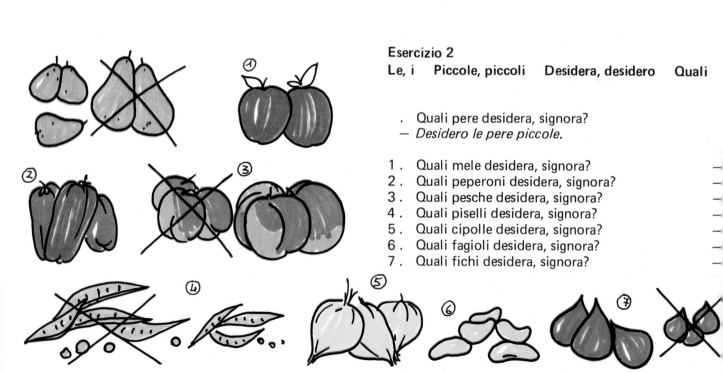

Esercizio 2
Le, i   Piccole, piccoli   Desidera, desidero   Quali

. *Quali pere desidera, signora?*
— *Desidero le pere piccole.*

1 .   Quali mele desidera, signora?
2 .   Quali peperoni desidera, signora?
3 .   Quali pesche desidera, signora?
4 .   Quali piselli desidera, signora?
5 .   Quali cipolle desidera, signora?
6 .   Quali fagioli desidera, signora?
7 .   Quali fichi desidera, signora?

Esercizio 3   Fumano   Fumate, fumiamo   Cosa?
Dove?   Con che cosa?   Con chi?

. Cosa fumano Fabio e il signor Rossi?
— *Fumano la pipa.*
. E voi cosa fumate?
— *Fumiamo il sigaro.*

1. Con che cosa arrivano Teresa e la signora Vittori?   —
. E voi con che cosa arrivate?   —

2. Cosa comprano Anna e la signora Fabbri?   —
. E voi cosa comprate?   —

3. Dove abitano Roberto e il signor Benedetti?   —
. E voi dove abitate?   —

4. Cosa preparano Claudia e la signora Angeli?   —
. E voi cosa preparate?   —

5. Con chi parlano Carlo e il signor Lauri?   —
. E voi con chi parlate?   —

6. Cosa ascoltano il signor Adami e Mario?   —
. E voi cosa ascoltate?   —

7. Dove entrano Carla e la signora Marchi?   —
. E voi dove entrate?   —

Esercizio 4   Fumi, fumo   Fuma, fumo

. Fumi il sigaro, Giorgio?
— *Sì, fumo il sigaro.*
. E Lei, cosa fuma, signor Rossi?
— *Io fumo la pipa.*

1. Arrivi con l'aereo, Enrico?   —
. E Lei, con che cosa arriva, signora Vitti?   —

2. Compri le pere, Luisa?   —
. E Lei, cosa compra, signora Fabbri?   —

3. Abiti a Roma, Fulvia?   —
. E Lei, dove abita, signor Benedetti?   —

4. Prepari la torta, Eva?   —
. E Lei, cosa prepara, signora Angeli?   —

5. Parli con Dario, Paolo?   —
. E Lei, con chi parla, signor Lauri?   —

6. Ascolti la radio, Sandra?   —
. E Lei, cosa ascolta, signor Adami?   —

7. Entri in libreria, Marcella?   —
. E Lei, dove entra, signora Marchi?   —

Esercizio 5   Un ombrello, l'ombrello   Un'arancia, l'arancia   Dimentica

.	Cosa dimentica Mario	— *Dimentica l'ombrello.*
.	E' rosso?	— *Sì, è un ombrello rosso*
1 .	Cosa prenota Carlo?	—
.	E' di prima categoria?	—
2 .	Cosa visita Claudio?	—
.	E' bella?	—
3 .	Cosa mangia Anna?	—
.	E' rossa?	—
4 .	Cosa ordina Carla?	—
.	E' cara?	—
5 .	Cosa compra Piero?	—
.	E' svizzero?	—
6 .	Cosa prepara Franca?	—
.	E' di pomodori?	—

Esercizio 6   Abitare.   Tutte le forme

	Dove abitate?	— *Abitiamo a Milano.*
1 .	Dove abiti?	—
2 .	E Lei, signora, dove abita?	—
3 .	Dove abitano Graziella e Maurizio?	—
4 .	Dove abita la signora Parini?	—
5 .	Dove abitate?	—
6 .	Dove abita Donata?	—

Esercizio 7   Comprare.   Tutte le forme

. Cosa compri?   — *Compro le mele.*

1. Cosa compra, signora?   —
2. Cosa comprate?   —
3. Cosa compra la signora Colombo?   —
4. Cosa comprano Franca e Rossana?   —
5. Cosa compri?   —

Paga domani

Signora Maria	. Buongiorno, signora Colombo. Cosa desidera, oggi?
Signora Colombo	— Buongiorno, signora Maria. Vorrei quelle belle pesche. Cinque bastano.
Signora Maria	. Prego, signora. Desidera altro?
Signora Colombo	— Questi fagiolini sembrano buoni. Sono teneri?
Signora Maria	. Sì, signora. Sono ottimi.
Signora Colombo	— Benissimo. Un chilo, per favore. Vorrei anche due peperoni rossi. Quanto costano questi?
Signora Maria	. Seicento lire al chilo, signora.
Signora Colombo	— Quanto pesano questi due?
Signora Maria	. Tre etti, signora.
Signora Colombo	— Bene. Quant'è in tutto?
Signora Maria	. Mille lire.
Signora Colombo	— Mah! Non trovo i soldi. Mamma mia! Ho dimenticato il portafoglio a casa.
Signora Maria	. Non fa niente. Paga quando ritorna domani.
Signora Colombo	— D'accordo. Grazie, signora.
Signora Maria	. Arrivederci, signora Colombo.

UNA SERATA TRANQUILLA

Carlo dopo il lavoro corre a casa. Per strada vede Luigi, saluta
con gentilezza ma continua perché stasera ha molte cose da fare.
Arriva a casa e prima di tutto scrive ad alcuni amici inglesi.
Carlo conosce bene l'inglese.
Più tardi scende in tabaccheria per comprare dieci francobolli per
l'estero. Mette i francobolli e imbuca le lettere.

Ritorna a casa e vuole accendere il gas per gli spaghetti.
Guarda, cerca, ma non trova i fiammiferi. I fiammiferi non ci sono.

Scende di nuovo in tabaccheria e compra, per sicurezza, cinque
scatole di fiammiferi svedesi e dieci di cerini.

Gli amici, in un bar vicino, invitano Carlo a bere un aperitivo.
Insistono ma Carlo non ha tempo perché aspetta una telefonata.
Dopo cena vuole riposare, sedere in poltrona e guardare la televisione.
Le sigarette! Dove sono le sigarette? Le sigarette non ci sono!
Le tabaccherie chiudono tardi, per fortuna. Scende e chiede una
stecca di «Nazionali» e una stecca di sigarette francesi senza filtro!

Cosa metti in questa borsetta?　　　　Metto un accendino.
Cosa prendete?　　　　　　　　　　Prendiamo un aperitivo.
Cosa scrive, signore?　　　　　　　Scrivo una lettera.

A Dove Maria mette le cose

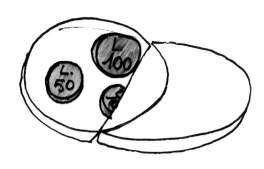

Maria mette gli asparagi in questo sacchetto,

gli spiccioli in questo portamonete,

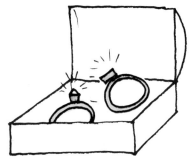

gli anelli in questa scatola,

gli accendini in questo cassetto,

gli spaghetti in questa pentola,

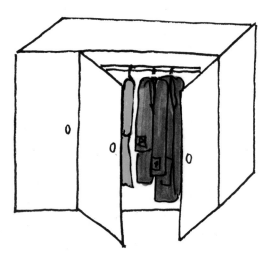

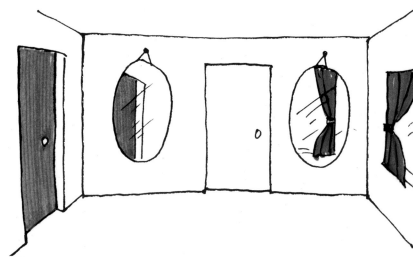

gli abiti in questo armadio,

gli specchi in questa stanza.

B Cosa fanno otto amici

Mario e Carlo leggono molto. Oggi, a una svendita, Mario decide di comprare 18 (diciotto) libri e Carlo 16 (sedici).

Luigi e Massimo ricevono molti regali per il compleanno. Oggi Luigi compie 11 (undici) anni e Massimo 13 (tredici).

Paola e Anna conoscono molti ragazzi stranieri. Ora sono in vacanza. Paola scrive 12 (dodici) cartoline da Roma e Anna 14 (quattordici) cartoline da Napoli.

Piero e Antonio spendono molto per le feste. Oggi Piero prende 15 (quindici) bottiglie di vino e Antonio prende 20 (venti) bottiglie di birra.

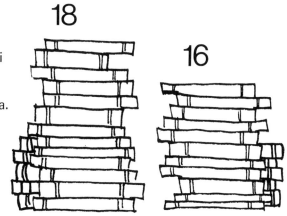

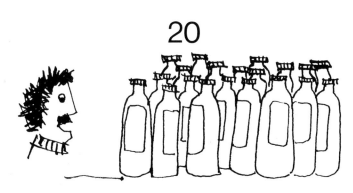

C Due cose per ogni nazione

Piero compra i vini portoghesi
e Mauro compra le sardine portoghesi.

Questo negozio vende le cravatte francesi
e questo vende i profumi francesi.

Sandra desidera visitare le università inglesi
e Carla desidera visitare i castelli inglesi.

Paolo legge i giornali svedesi
e Giorgio legge le riviste svedesi.

Massimo fuma i sigari danesi
e Matteo fuma le sigarette danesi.

D Stesse azioni, cose differenti

Fabio e il signor Rossi prendono un aperitivo.
Fabio prende un Martini e il signor Rossi un Campari.

Mario e il signor Adami leggono molti libri.
Mario legge romanzi e il signor Adami libri di storia.

Anna e la signora Fabbri accendono le candele.
Anna accende con l'accendino e la signora Fabbri con i fiammiferi.

Carla e la signora Marchi scrivono ad amici.
Carla scrive cartoline e la signora Marchi lettere.

Teresa e la signora Vittori scendono a pianterreno.
Teresa scende a piedi e la signora Vittori con l'ascensore.

Claudia e la signora Angeli stasera mettono i vestiti lunghi.
Claudia mette il vestito nero e la signora Angeli il vestito bianco.

Roberto e il signor Benedetti conoscono le lingue slave.
Roberto conosce il polacco e il signor Benedetti il russo.

Esercizio 1   Metti, metto   Gli spinaci, gli asparagi

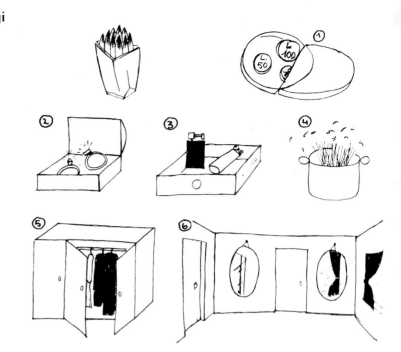

. *Cosa metti in questo sacchetto?*
— *Metto gli asparagi.*

1 .
—
2 .
—
3 .
—
4 .
—
5 .
—
6 .
—
7 .
—

Esercizio 2   Leggono   Decide   Numeri da 11 a 20

. Leggono molto Mario e Carlo?   — *Sì, leggono molto.*
. Cosa decide di comprare Mario
  a una svendita?   — *Decide di comprare 18 libri.*
. E Carlo?   — *Carlo decide di comprare 16 libri.*

1 . Ricevono molti regali Luigi e Massimo
    per il compleanno?   —
  . Quanti anni compie Luigi?   —
  . E Massimo?   —

2 . Paola e Anna conoscono molti ragazzi stranieri? —
  . Quante cartoline scrive Paola?   —
  . E Anna?   —

3 . Spendono molto Piero e Antonio per le feste?   —
  . Cosa prende Piero?   —
  . E Antonio?   —

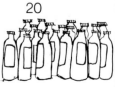

Esercizio 3   Portoghesi, portoghesi

.   Cosa compra Piero?   — *Compra i vini portoghesi.*
.   E Mauro?   — *Compra le sardine portoghesi.*

1 . Cosa vende questo negozio?   —
.   E questo?   —

2 . Cosa desidera visitare Sandra? —
.   E Carla?   —

3 . Cosa legge Paolo?   —
.   E Giorgio?   —

4 . Cosa fuma Massimo?   —
.   E Matteo?   —

Esercizio 4   Prendete, prendiamo

.   Cosa prendete?   — *Prendiamo un aperitivo.*

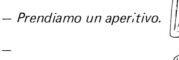

1 . Cosa leggete?   —
2 . Cosa accendete?   —
3 . Cosa scrivete?   —
4 . Come scendete?   —
5 . Cosa mettete?   —
6 . Quale lingua conoscete?   —

Esercizio 5   Prendi, prendo   Prende, prendo

.   Cosa prendi, Fabio?   — *Prendo un Martini.*
.   E Lei cosa prende, signor Rossi? — *Prendo un Campari.*

1 . Cosa leggi, Mario?   —
.   E Lei cosa legge, signor Rossi? —

2. Con che cosa accendi, Anna? —
   . E Lei, signora Fabbri, con che cosa accende? —

3. Cosa scrivi, Carla? —
   . E Lei cosa scrive, signora Marchi? —

4. Come scendi, Teresa? —
   . E Lei, signora Vittori come scende? —

5. Cosa metti, Claudia? —
   . E Lei cosa mette, signora Angeli? —

6. Quale lingua conosci, Roberto? —
   . E Lei quale lingua conosce, signor Benedetti? —

Esercizio 6   Mettere. Tutte le forme

. Cosa metti in questo sacchetto?   — *Metto gli asparagi.*

1. Cosa mettete in questa pentola?   —
2. Cosa mette in questo armadio, signorina?   —
3. Cosa mettono in questa stanza Gianni e Rinaldo?   —
4. Cosa mette in questa scatola Roberta?   —
5. Cosa metti in questo portamonete?   —

Esercizio 7   Discutere. Tutte le forme

. Con chi discute, signora?   — *Discuto con Mario.*

1. Con chi discute Diego?   —
2. Con chi discutete?   —
3. Con chi discutono i signori Ricci?   —
4. Con chi discuti?   —
5. Con chi discute la signora Marini?   —
6. Con chi discute, signorina?   —

La memoria di Carlo

Tabaccaio	.	Buongiorno, signor Carlo. Cosa desidera?
Carlo	—	Vorrei cinque scatole di fiammiferi svedesi e dieci di cerini, per favore.
Tabaccaio	.	Tante in una volta?
Carlo	—	Sì, con molti fiammiferi a casa non rischio di restare senza fuoco un'altra volta.
Tabaccaio	.	Capisco. Ecco i fiammiferi. Desidera altro?
Carlo	—	No grazie, va bene così. Quant'è?
Tabaccaio	.	Mille lire. Grazie e arrivederci.
Carlo	—	Arrivederci.

Più tardi

Tabaccaio	.	Eh, eh. Ora ha i fiammiferi ma non ha le sigarette, vero?
Carlo	—	Ha ragione, non ho sigarette a casa.
Tabaccaio	.	Per fortuna siamo ancora aperti. Che sigarette desidera?
Carlo	—	Vorrei una stecca di Nazionali ed una di Gauloises senza filtro.
Tabaccaio	.	Prego. Sono novemila lire. Ha tutto ora? E' proprio sicuro?
Carlo	—	Sì, questa volta sono proprio sicuro. Beh, almeno, credo. Arrivederci e grazie.
Tabaccaio	.	Arrivederci.

51

IN ALBERGO

L'estate secondo il calendario comincia in giugno e termina in
settembre ma la stagione turistica comincia prima, già in aprile,
in certi casi. Gli alberghi in genere aprono in maggio ed i mesi più
fortunati, per quanto riguarda gli affari, sono luglio ed agosto.

Il mese migliore è, forse, settembre. Non fa molto caldo ma l'acqua
di mare è ancora tiepida, le notti sono incantevoli, i colori
meravigliosi e in questo mese le spiagge e gli alberghi non sono
così affollati come in altri mesi.

L'albergo Vittoria è un normale albergo di una località famosa.
Qui arrivano turisti da tutte le parti d'Europa, vengono con treni,
autobus, aerei, automobili e navi.

I portieri, Carlo e Antonio, chiedono gentilmente i passaporti,
scrivono i nomi sul registro, consegnano le chiavi, conversano sul
viaggio e sul tempo. Il direttore, Marco, viene da Genova.
E' sempre occupato, soprattutto con le prenotazioni. I camerieri sono
otto. Il lavoro di cameriere è spesso molto duro. Devono essere
gentili con i clienti, devono preparare le tavole con le tovaglie,
le posate, i bicchieri, i tovaglioli, i fiori, devono correre per
ritirare o portare i piatti, le bottiglie, ecc..

Vieni in aereo?	No, vengo in treno.
Quando viene, signora?	Vengo domani.
Con chi venite?	Veniamo con Sandro e Paola.

A   Azioni e mestieri

Vincenzo canta le canzoni napoletane.
«O sole mio» è la canzone napoletana più conosciuta.

Questa agenzia vende le automobili italiane.
La Fiat è l'automobile italiana più venduta.

Questa signorina riceve le prenotazioni per le isole.
La prenotazione più cara è per la Sardegna.

Pierre legge i giornali francesi.
«Le Monde» è il giornale francese più conosciuto.

Mauro studia le lezioni d'inglese.
La lezione più difficile è la n. 18.

Anna passa a Roma i mesi estivi.
Luglio è il mese più caldo.

B   Per Mario ogni cosa ha il suo posto

Mario mette i bicchieri sui tavoli,
   i libri sugli scaffali,
   il telefono sul tavolo,
   la forchetta sul piatto,
   il pepe sugli asparagi,
   il vaso sullo scaffale,
   le candele sull'albero di Natale,
   il francobollo da 100 sulla cartolina,
   i quadri sulle pareti,
   l'accendino sulla scrivania.

La città di provenienza

Carla viene da Roma ed il signor Merlini viene da Venezia.
Maria viene da Pisa e la signorina Olsson viene da Stoccolma.
Carlo viene da Milano e la signora Esposito viene da Napoli.
Mary viene da Londra e la signora Ginet viene da Parigi.

D **Alcuni mezzi di trasporto**

Carla e Paola vengono in treno.
Piero e Roberto vengono in aereo.
Giovanni e Sandro vengono in automobile.
Mauro e Claudio vengono in moto.
Anna e Teresa vengono in nave.

Esercizio 1   La canzone, le canzoni   Il giornale, i giornali

. Quali canzoni canta Vincenzo?   — *Canta le canzoni napoletane.*
. Qual'è la canzone napoletana più famosa?   — *E' «O sole mio».*

1 . Quali automobili vende questa agenzia?   —
  . Qual'è l'automobile italiana più venduta?   —

2 . Quali prenotazioni riceve questa signorina? —
  . Qual'è la prenotazione più cara?   —

3 . Quali giornali legge Pierre?   —
  . Qual'è il giornale francese più conosciuto? —

4 . Quali mesi passa a Roma Anna?   —
  . Qual'è il mese più caldo?   —

5 . Quali lezioni studia Mauro?   —
  . Qual'è la lezione più difficile?   —

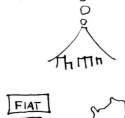

Esercizio 2   Sul, sullo, sulla, sull', sui, sugli, sulle

. *Dove metti questi bicchieri?*   — *Sui tavoli.*

1 .   —
2 .   —
3 .   —
4 .   —
5 .   —
6 .   —
7 .   —
8 .   —
9 .   —

56

Esercizio 3   Vieni, vengo   Viene, vengo

. Da dove vieni, Carla? — *Vengo da Roma.*
. E Lei da dove viene, signor Merlini? — *Vengo da Venezia.*

1 . Da dove vieni, Mary? —
. E Lei da dove viene, signora Ginet? —

2 . Da dove vieni, Maria? —
. E Lei da dove viene, signorina Olsson? —

3 . Da dove vieni, Carlo? —
. E Lei da dove viene, signora Esposito? —

Esercizio 4   Vengono

. *Come vengono Carla e Paola?* — *Vengono in treno.*

1 . —
2 . —
3 . —
4 . —

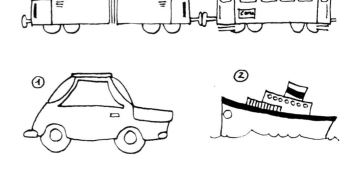

Esercizio 5   Venite, veniamo

. *Come venite?* — *Veniamo in treno.*

1 . —
2 . —
3 . —
4 . —

Esercizio 6　Venire Tutte le forme

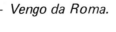

. Da dove vieni, Carla?	— *Vengo da Roma.*
1. Da dove viene, signor Merlini?	—
2. Da dove venite?	—
3. Da dove viene Carlo?	—
4. Da dove vengono Paolo e Roberto?	—
5. E la signora Monti da dove viene?	—
6. Da dove vieni, Mary?	—
7. Da dove viene, signora Ginet?	—

Tre domande a un direttore d'albergo

. Buongiorno, direttor Rossi. Lei come direttore di questo albergo che previsioni ha per la stagione turistica in corso?

— La stagione comincia bene. Siamo soltanto in giugno e l'albergo è già pieno. Di solito i mesi più fortunati sono luglio e agosto ma quando la stagione comincia così bene speriamo di essere «completi» fino a settembre.

. Che tipo di clienti ha il suo albergo?

— I nostri clienti vengono da tutto il mondo. Questo è un albergo di seconda categoria e abbiamo prezzi modici. Abbiamo anche una bellissima spiaggia e ci sono molti locali notturni. Questo è un luogo adatto per tutti, giovani e vecchi, ricchi e meno ricchi.

. Un'ultima domanda. Con quali mezzi di trasporto arrivano i turisti?

– Abbiamo una stazione ferroviaria, un aeroporto
e anche un porto marittimo. L'autostrada passa
a due chilometri da qui. Insomma c'è soltanto
l'imbarazzo della scelta. I nostri ospiti vengono
con tutti i mezzi ma soprattutto con l'aereo.

. Grazie per le informazioni e tanti auguri per la
stagione.

– Prego, arrivederci.

ALLA STAZIONE DI UNA GRANDE CITTÀ

La stazione di una grande città vive 24 ore al giorno.
Treni rapidi, diretti, accelerati e locali partono e arrivano a
tutte le ore. Passeggeri in partenza attendono ai marciapiedi di
salire sui treni e passeggeri in arrivo scendono dai treni e lasciano
la stazione.

Alle biglietterie ci sono code più o meno lunghe di persone che
prendono i biglietti per le più varie destinazioni. Agli sportelli
per le prenotazioni altri viaggiatori prenotano i posti o le
cuccette per l'Italia e per l'estero.

I portabagagli trasportano coi carrelli valigie, borse e pacchi.
Tipico per le grandi stazioni italiane è il movimento di emigranti che,
per ragioni di lavoro, partono generalmente dal sud e non senza forti
difficoltà iniziano una nuova vita al nord.

All'ufficio informazioni gli impiegati rispondono alle domande sugli
orari di partenza e di arrivo. Certe volte sembrano "robot": «Il treno
per Vienna parte alle 10 e 16», «Il treno dall'Inghilterra arriva alle
10 e 15», «Le carrozze per Copenaghen sono in fondo al treno», «Il treno
per Roma parte dal binario 7», «Il treno da Parigi ha 2 ore di ritardo».

Alla stazione di Milano una turista chiede per errore all'ufficio
informazioni ferroviarie a che ora apre la Scala e l'impiegato
gentilmente: «Alle otto e trenta, Aida di Verdi, ma per
informazioni più precise può andare all'ufficio turismo».

A che ora parti?   Parto alle 10 e 15.
A che ora parte, signore?   Parto all'una.
Per dove partite?   Partiamo per la Sicilia.

A Da dove partono persone e mezzi di trasporto

Questo tram parte dalla stazione.
I voli per la Scandinavia partono dagli aeroporti di Roma.
La metropolitana per il centro parte dallo stadio.
La nave per Tunisi parte dalla Sicilia.
L'autobus per l'aeroporto parte dall'albergo.
Gli emigranti partono dai paesi del sud.
La nave per Lisbona parte dalle Canarie.
Il treno per Parigi parte dal binario 12.

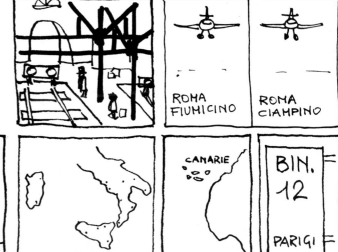

B Gente che parte

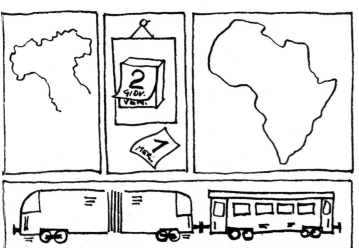

Gli emigranti partono per il Nord.
I signori Rossi partono giovedì.
Giulia e Bruna partono per l'Africa.
Paola e la signora Carli partono con il treno.
Sandro e Gino partono alle 8 e 20.
La signorina Pieri e il signor Martini partono per Milano.

C Partenza: quando, come e per dove

Roberto parte alle 10 e 10
e il signor Benedetti parte alle 11 e 05.

Carlo parte per Parigi
e il signor Lauri parte per Venezia

Claudia parte con il treno
e la signora Angeli parte con l'aereo.

Teresa parte sabato
e la signora Vittori parte domenica.

Mario parte per Stoccolma
e il signor Adami parte per Roma.

D Dove e a che ora: azioni di tutti i giorni

Il treno per Londra parte alle 10 e 15.
Marco lavora all'ufficio informazioni.
Le prenotazioni sono agli sportelli 4 e 5.
L'aereo da Monaco arriva all'una e 10.
Maria e Carla sono al ristorante.
Il rapido da Parigi arriva alla stazione di Torino.
Gli emigranti sperano di trovare lavoro al nord.
I treni da Roma arrivano ai binari 9 e 10.
I viaggiatori comprano i biglietti per l'estero allo sportello 12.
Il treno da Zurigo arriva alle 17.

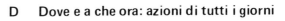

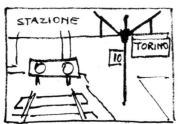

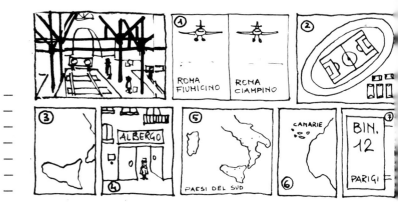

. Da dove parte questo tram?
— *Parte dalla stazione.*

1. Da dove partono i voli per la Scandinavia?   —
2. Da dove parte la metropolitana per il centro?   —
3. Da dove parte la nave per Tunisi?   —
4. Da dove parte l'autobus per l'aeroporto?   —
5. Da dove partono gli emigranti?   —
6. Da dove parte la nave per Lisbona?   —
7. Da dove parte il treno per Parigi?   —

Esercizio 2   Partono

. Per dove partono gli emigranti?
— *Partono per il nord.*

1. Quando partono i signori Rossi?   —
2. Per dove partono Giulia e Bruna?   —
3. Con che cosa partono Paola e la signora Carli?   —
4. A che ora partono Sandro e Gino?   —
5. Per dove partono la signorina Pieri e il signor Martini?   —

Esercizio 3   Partite, partiamo

. Per dove partite?
— *Partiamo per il nord.*

1. Quando partite?   —
2. Per dove partite?   —
3. Con che cosa partite?   —
4. A che ora partite?   —
5. Per dove partite?   —

. A che ora parte Roberto?
— *Parte alle 10 e 10.*
. E il signor Benedetti a che ora parte?
— *Parte alle 11 e 05.*

1 . Per dove parte Carlo?   —
. E il signor Lauri per dove parte?   —

2 . Con che cosa parte Claudia?   —
. E la signora Angeli con che cosa parte?   —

3 . Quando parte Teresa?   —
. E la signora Vittori quando parte?   —

4 . Per dove parte Mario?   —
. E il signor Adami per dove parte?   —

. A che ora parti, Roberto?
— *Parto alle 10 e 10.*
. Anche Lei parte alle 10 e 10, signor Benedetti?
— *No, io parto alle 11 e 05.*

1 . Per dove parti, Carlo?   —
. Anche Lei parte per Parigi, signor Lauri?   —

2 . Con che cosa parti, Claudia?   —
. Anche Lei parte con il treno, signora Angeli?   —

3 . Quando parti, Teresa?   —
. Anche Lei parte sabato, signora Vittori?   —

4 . Per dove parti, Mario?   —
. Anche Lei parte per Stoccolma, signor Adami?   —

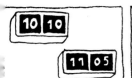  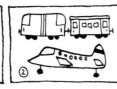  

. A che ora parte il treno per Londra?
— *Alle 10 e 15.*

1 . Dove lavora Marco?   —
2 . Dove sono le prenotazioni?   —
3 . A che ora arriva l'aereo da Monaco?   —
4 . Dove sono Maria e Carlo?   —
5 . Dove arriva il rapido da Parigi?   —
6 . Dove sperano di trovar lavoro gli emigranti?   —
7 . Dove arrivano i treni da Roma?   —
8 . Dove comprano i viaggiatori i biglietti per l'estero?   —
9 . A che ora arriva il treno da Zurigo?   —

  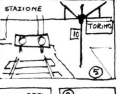

Esercizio 7 Partire. Tutte le forme

. Per dove parte Luigi?
— *Parte per Firenze*.

1. Per dove parti? —
2. Per dove partono i signori Romano? —
3. Per dove partite? —
4. Per dove parte la signora Vincenzi? —
5. Per dove partiamo? —
6. Per dove parte, signorina? —

Esercizio 8 Dormire. Tutte le forme

. Fino a che ora dorme Clara di solito?
— *Dorme fino alle 10*.

1. Fino a che ora dormite di solito? —
2. Fino a che ora dormono i bambini di Laura di solito? —
3. Fino a che ora dormi di solito? —
4. Fino a che ora dorme di solito, signorina? —
5. Fino a che ora dorme la figlia di Piero? —

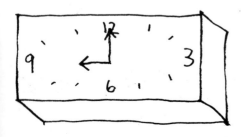

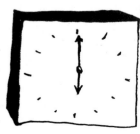

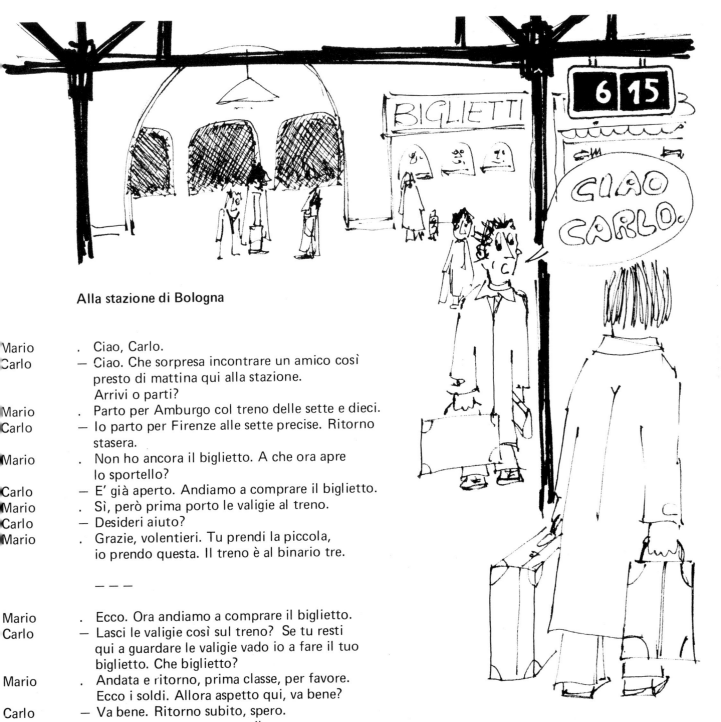

Alla stazione di Bologna

Mario   . Ciao, Carlo.
Carlo   — Ciao. Che sorpresa incontrare un amico così
            presto di mattina qui alla stazione.
            Arrivi o parti?
Mario   . Parto per Amburgo col treno delle sette e dieci.
Carlo   — Io parto per Firenze alle sette precise. Ritorno
            stasera.
Mario   . Non ho ancora il biglietto. A che ora apre
            lo sportello?
Carlo   — E' già aperto. Andiamo a comprare il biglietto.
Mario   . Sì, però prima porto le valigie al treno.
Carlo   — Desideri aiuto?
Mario   . Grazie, volentieri. Tu prendi la piccola,
            io prendo questa. Il treno è al binario tre.

— — —

Mario   . Ecco. Ora andiamo a comprare il biglietto.
Carlo   — Lasci le valigie così sul treno? Se tu resti
            qui a guardare le valigie vado io a fare il tuo
            biglietto. Che biglietto?
Mario   . Andata e ritorno, prima classe, per favore.
            Ecco i soldi. Allora aspetto qui, va bene?
Carlo   — Va bene. Ritorno subito, spero.
Mario   . Grazie, sei veramente gentile.

IL PRANZO
PER UN COMPLEANNO

Il pranzo in una famiglia italiana è una mostra di molte abitudini tipiche della vita
in Italia. Oggi i Colombo vanno a pranzo dai nonni, dodici persone sono invitate. Quasi
tutta la parentela festeggia un compleanno. Non ci sono rigide formalità fra parenti ma
sulla tovaglia con i ricami a mano la signora Erminia mette i piatti, le posate e i bicchieri
"della domenica". La signora Erminia lavora da tre giorni per preparare il pranzo.
C'è un antipasto misto, ci sono ravioli fatti in casa, sia in brodo che al sugo, ci sono tre
qualità di carne, pollo, dolci e, per finire, caffè e liquori.
La signora Erminia prepara ogni cosa con amore, pazienza e bravura.

Erminia e Giuseppe sono i nonni. Teresa, la figlia maggiore, ha tre bambini. Emilio, il
secondo, ha una figlia e Clementina, l'ultima, ha due figli.

Le donne vanno in cucina a aiutare la signora Erminia. Gli uomini vanno in cantina a
prendere il vino buono d'annata. La «tavolata» è un'allegra confusione di voci e di
sorrisi. Ci sono sempre molte cose da raccontare fra parenti. Durante il pranzo suona il
campanello della porta. Luciana, la moglie di Emilio, va ad aprire. Sono quattro parenti
che arrivano inaspettatamente. Sono di passaggio, vanno al mare, desiderano solo
salutare e fare gli auguri, ma... non hanno ancora mangiato. Quattro piatti, quattro
bicchieri, dodici posate "della domenica" in più sulla tovaglia coi ricami a mano e il
pranzo continua più allegro e piacevole di prima.

Clementina e Giovanni sono i genitori di Fabio e Milena.
I bambini sono i nipoti di Giuseppe e Erminia.
Emilio e Luciana sono gli zii di Fabio e Milena.
Valeria è la nipote di Teresa e Marco.
Giuseppe e Erminia sono i suoceri di Giovanni.
Luciana è la nuora e Marco il genero di Giuseppe e Erminia.
Marco è il cognato di Clementina.
Fabio e Milena sono i cugini di Valeria.

La tua macchina è una Fiat?   No, la mia macchina è una Volvo.
Di che colore è la sua penna?   La sua penna è gialla.
Dove vai?   Vado a Roma.
Dove va, signorina?   Vado a Pisa.
Dove andate?   Andiamo a Como.

A   Una cosa diversa per parente

Emilio ha una Mercedes.
Luciana, sua moglie, ha una Fiat.

Franco ha un pallone rosso.
Paolo, suo fratello, ha un pallone giallo.

Emilio ha un appartamento al secondo piano.
Giuseppe, suo padre, ha un appartamento al primo piano.

Matteo ha un trenino rosso.
Valeria, sua cugina, ha un trenino nero.

Teresa ha una borsa bianca.
Marco, suo marito, ha una borsa marrone.

Fabio ha un piatto verde.
Milena, sua sorella, ha un piatto blu.

Clementina ha una villa a Milano.
Luciana, sua cognata, ha una villa a Roma.

B Due persone, una città

Fabio e il signor Rossi vanno a Pisa.
Mario e il signor Adami vanno a Venezia.
Anna e la signora Fabbri vanno a Napoli.
Carla e la signora Marchi vanno a Genova.
Teresa e la signora Vittori vanno a Milano.
Claudia e la signora Angeli vanno a Roma.

C Due persone, due città

Fabio va a Pisa
e il signor Rossi va a Bologna.

Mario va a Venezia
e il signor Adami va a Torino.

Anna va a Napoli
e la signora Fabbri va a Palermo.

Carla va a Genova
e la signora Marchi va a Siena.

Teresa va a Milano
e la signora Vittori va a Verona.

Claudia va a Roma
e la signora Angeli va a Perugia.

D Dov'è e di chi è

La villa della moglie di Giovanni è in montagna.
L'agenzia di viaggio degli zii di Valeria è in via Mazzini.
Il negozio dei genitori di Milena è a Milano.
La pizzeria del padre di Teresa è a Napoli.
La casa degli amici di Luciana è al mare.
La trattoria delle figlie di Giuseppe è a Roma.
La discoteca dell'amico di Mauro è in Corso Como.
L'albergo dello zio di Marco è in (a) Piazza Cavour.
Il ristorante della sorella di Fabio è a Parigi.

E Dove sono gli oggetti

Sulla poltrona c'è il cuscino.
Sul tavolo ci sono i bicchieri.
Sullo scaffale c'è il vaso.
Sull'albero di Natale ci sono le candeline.
Sul piatto c'è la forchetta.
Sulle pareti ci sono i quadri.
Sulla sedia ci sono i libri.
Sul tavolo c'è il telefono.

Esercizio 1   Suo, sua

. E' di Emilio questa macchina?
— *No, non è sua, è di Luciana.*
. E questa è di Emilio?
— *Sì, è sua.*

1 . E' di Franco questo pallone?   —
. E questo è di Franco?   —

2 . E' di Fabio questo piatto?   —
. E questo è di Fabio?   —

3 . E' di Clementina questa villa?   —
. E questa è di Clementina?   —

4 . E' di Teresa questa borsa?   —
. E questa è di Teresa?   —

5 . E' di Emilio questo appartamento?   —
. E questo è di Emilio?   —

6 . E' di Matteo questo trenino?   —
. E questo è di Matteo?   —

. La macchina di Emilio è una Mercedes?
— *Sì, la sua macchina è una Mercedes.*
. E la tua, Luciana?
— *La mia è una Fiat.*

1 . Il pallone di Franco è rosso?   —
. E il tuo, Paolo?   —

2 . L'appartamento di Emilio è al secondo piano? —
. E il tuo, Giuseppe?   —

3 . Il trenino di Matteo è rosso?   —
. E il tuo, Valeria?   —

4 . La borsa di Teresa è bianca?   —
. E la tua, Marco?   —

5 . Il piatto di Fabio è verde?   —
. E il tuo, Milena?   —

6 . La villa di Clementina è a Milano?   —
. E la tua, Luciana?   —

Esercizio 2   Il mio (tuo, suo) libro, la mia (tua,sua) casa

Esercizio 3   Mio (tuo, suo) fratello Mia (tua, sua) sorella

. Ha una Fiat Emilio?
— *No, ha una Mercedes.*
. E sua moglie?
— *Sua moglie ha una Fiat.*
. Ha un pallone giallo tuo fratello?
— *Sì, mio fratello ha un pallone giallo.*

1 . Ha un trenino nero Matteo?   —
  . E sua cugina?   —
  . Ha una borsa marrone tua moglie?   —

2 . Ha un piatto blu Fabio?   —
  . E sua sorella?   —
  . Ha una villa a Roma tua cognata?   —

3 . Ha un appartamento al primo piano Emilio?   —
  . E suo padre?   —
  . Ha un pallone rosso tuo nipote?   —

Esercizio 4   Andate, andiamo, vanno

. Dove andate?
— *Andiamo a Pisa.*
. Dove vanno Fabio e il signor Rossi?
— *Anche loro vanno a Pisa.*

1 . Dove andate?   —
  . Dove vanno Mario e il signor Adami?   —

2 . Dove andate?   —
  . Dove vanno Anna e la signora Fabbri?   —

3 . Dove andate?   —
  . Dove vanno Carla e la signora Marchi?   —

4 . Dove andate?   —
  . Dove vanno Teresa e la signora Vittori?   —

5 . Dove andate?   —
  . Dove vanno Claudia e la signora Angeli?   —

Esercizio 5   Vai, vado   Va, vado

. Dove vai, Fabio?
— *Vado a Pisa.*
. E Lei dove va, signor Rossi?
— *Vado a Bologna.*

1 . Dove vai, Mario?   —
. E Lei dove va, signor Adami?   —

2 . Dove vai, Anna?   —
. E Lei dove va, signora Fabbri?   —

3 . Dove vai, Carla?   —
. E Lei dove va, signora Marchi?   —

4 . Dove vai, Teresa?   —
. E Lei dove va, signora Vittori?   —

5 . Dove vai, Claudia?   —
. E Lei dove va, signora Angeli?   —

Esercizio 6   C'è, ci sono

. *Cosa c'è sulla poltrona?*
— *C'è un cuscino.*

1 .   —
2 .   —
3 .   —
4 .   —
5 .   —
6 .   —
7 .   —

Esercizio 7· Del, dei, dello, degli, della, delle, dell'

. La moglie di Giovanni ha una villa: sai dov'è?
— *La villa della moglie di Giovanni è in montagna.*

1. Gli zii di Valeria hanno un'agenzia di viaggio: sai dov'è? —
2. I genitori di Milena hanno un negozio: sai dov'è? —
3. Il padre di Teresa ha una pizzeria: sai dov'è? —
4. Gli amici di Luciana hanno una casa: sai dov'è? —
5. Le figlie di Giuseppe hanno una trattoria: sai dov'è? —
6. L'amico di Mauro ha una discoteca: sai dov'è? —
7. Lo zio di Marco ha un albergo: sai dov'è? —
8. La sorella di Fabio ha un ristorante: sai dov'è? —

Esercizio 8 Andare. Tutte le forme

. Dove va il signor Pieri?
— *Va a Stoccolma.*

1. Dove vai? —
2. Dove vanno i genitori di Carlo? —
3. Dove andate? —
4. Dove va, signorina? —
5. Dove va la signora Micheli? —
6. Dove va Carla? —
7. E voi dove andate? —
8. Dove va, signora? —
9. E tu dove vai?

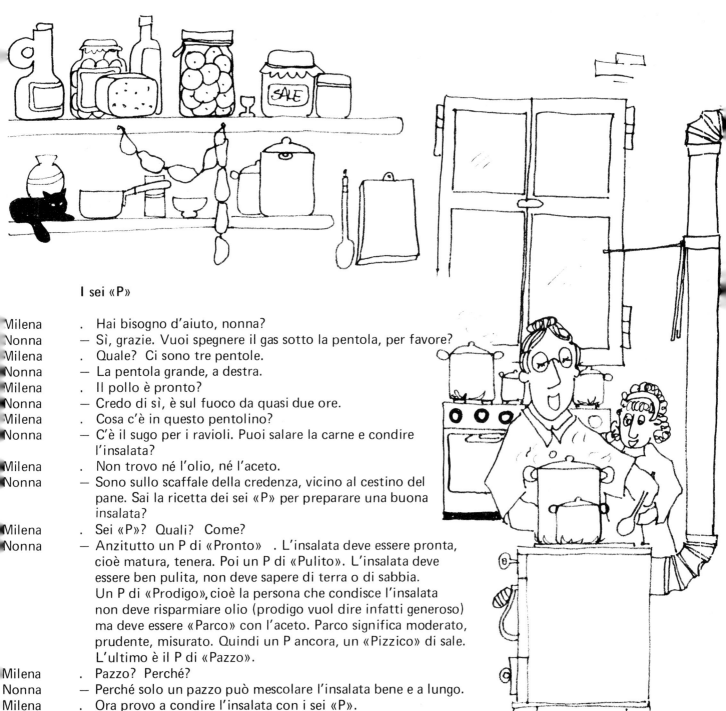

I sei «P»

Milena	. Hai bisogno d'aiuto, nonna?
Nonna	— Sì, grazie. Vuoi spegnere il gas sotto la pentola, per favore?
Milena	. Quale? Ci sono tre pentole.
Nonna	— La pentola grande, a destra.
Milena	. Il pollo è pronto?
Nonna	— Credo di sì, è sul fuoco da quasi due ore.
Milena	. Cosa c'è in questo pentolino?
Nonna	— C'è il sugo per i ravioli. Puoi salare la carne e condire l'insalata?
Milena	. Non trovo né l'olio, né l'aceto.
Nonna	— Sono sullo scaffale della credenza, vicino al cestino del pane. Sai la ricetta dei sei «P» per preparare una buona insalata?
Milena	. Sei «P»? Quali? Come?
Nonna	— Anzitutto un P di «Pronto» . L'insalata deve essere pronta, cioè matura, tenera. Poi un P di «Pulito». L'insalata deve essere ben pulita, non deve sapere di terra o di sabbia. Un P di «Prodigo», cioè la persona che condisce l'insalata non deve risparmiare olio (prodigo vuol dire infatti generoso) ma deve essere «Parco» con l'aceto. Parco significa moderato, prudente, misurato. Quindi un P ancora, un «Pizzico» di sale. L'ultimo è il P di «Pazzo».
Milena	. Pazzo? Perché?
Nonna	— Perché solo un pazzo può mescolare l'insalata bene e a lungo.
Milena	. Ora provo a condire l'insalata con i sei «P». Quando sono con te, nonna, imparo sempre qualcosa, in cucina.

77

AL RISTORANTE

Quando siamo in vacanza in Italia mangiamo di solito al ristorante dell'albergo. Qui il menu comprende normalmente due o tre «primi», due o tre «secondi», formaggio e frutta. Come «primo» a pranzo c'è: pasta al sugo o al ragù, risotto o lasagne, come «secondo» pesce o carne con contorni. A cena c'è anche: minestra o brodo, uova o prosciutto. Quasi sempre i piatti sono buoni e saporiti anche se qualche volta abbiamo nostalgia di quei piatti che mangiamo a casa nostra.

Se invece vogliamo mangiare qualcosa di speciale andiamo in un ristorante o in una trattoria dove la scelta dei piatti è abbondante.

In una piccola trattoria o in un normale ristorante capiamo veramente di essere in Italia quando il cameriere presenta il menu. Qui possiamo scegliere fra quaranta, cinquanta piatti differenti.

Quando i camerieri chiedono a due o più clienti le ordinazioni usano la forma «loro». Ad esempio: «Cosa desiderano, signori? Preferiscono i tortellini? » Questa formalità è usata anche in altre situazioni simili. Per esempio nei negozi, nelle banche ecc.

Se preferiamo «ossobuco con funghi» o «lepre in salmì» bisogna allora andare in qualche osteria tipica di campagna dove il cameriere forse non usa il «loro» coi clienti ma dove il conto non è «salato» e dove mangiamo sicuramente in modo genuino.

Cosa preferisce, signora?	Vorrei una bistecca ai ferri.
Preferiscono arrosto di vitello, signori?	No, vorremmo pollo arrosto.
Vuole andare in un ristorante francese, signorina?	No, voglio andare in una trattoria italiana.
Vuoi andare a ballare?	No, voglio andare al cinema.
Volete andare a teatro?	No, vogliamo stare a casa.
Preferisce un caffè, signorina?	No, grazie, preferisco un tè.
Preferisci una mela?	No, grazie, preferisco una banana.
Preferite una pizza ai funghi?	No, grazie, preferiamo una pizza al prosciutto.

A   Marito e moglie al ristorante

Il signor Sandri vuole il vino rosso
ma sua moglie vuole il vino bianco.

La signora Campo vuole gli spaghetti
ma suo marito vuole la pizza.

Il signor Rinaldi vuole il pesce
ma sua moglie vuole la carne.

La signora Bini vuole le mele
ma suo marito vuole le pere.

La signora Svensson vuole il formaggio
ma suo marito vuole le uova.

Il signor Galli vuole il caffè
ma sua moglie vuole il liquore.

B   Vacanze e divertimenti

Elena e Clara vogliono andare a ballare insieme.
Ma Elena preferisce andare in una discoteca
e Clara in un «night».

Renato e Carlo vogliono andare al ristorante insieme.
Ma Renato preferisce andare in un ristorante francese
e Carlo in un ristorante italiano.

Anna e Luisa vogliono andare in Grecia insieme.
Ma Anna preferisce andare ad Atene
e Luisa a Creta.

Mauro e Paolo vogliono andare al mare insieme.
Ma Mauro preferisce andare ad Alassio
e Paolo a Rimini.

Sandro e Patrizia vogliono andare al cinema insieme.
Ma Sandro preferisce andare a vedere un film d'avventura
e Patrizia un film d'amore.

Piero e Tullio vogliono andare in Svezia insieme.
Ma Piero preferisce andare a Stoccolma
e Tullio a Uppsala.

C   Di chi è quel libro? E quei giornali?

Quel libro è di Sandra
e quei giornali sono di Roberto.

Quel cappello è di Antonia
e quei vestiti sono di Anna.

Quel pacco è di Mauro
e quei sacchetti sono di Giorgio.

Quel trenino è di Matteo
e quei palloni sono di Valeria.

Quell'anello è di Laura
e quegli orologi sono di Maria.

Quell'ombrello è di Franco
e quegli abiti sono di Aldo.

Quell'automobile è di Paolino
e quegli aeroplani sono di Fabrizio.

Quello specchio è di Vilma
e quegli spazzolini sono di Teresa.

D   Il vino preferito

I signori Cambiaghi preferiscono un vino rosso, il Barbera.
I signori Ghirri preferiscono un vino bianco, l'Orvieto.
I signori Romano preferiscono un vino rosso, il Valpolicella.
I signori Bergamaschi preferiscono un vino bianco, l'Albana.
I signori Vannucci preferiscono un vino rosso, il Chianti.
I signori Mealli preferiscono un vino bianco, il Soave.

Esercizio 1   Vuole, voglio

. Cosa vuole da bere, signor Sandri?
— *Voglio il vino rosso.*
. Anche Sua moglie?
— *No, lei vuole il vino bianco.*

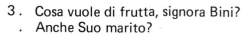

1 . Cosa vuole di primo, signora Campo?   —
. Anche Suo marito?   —

2 . Cosa vuole di secondo, signor Rinaldi?   —
. Anche Sua moglie?   —

3 . Cosa vuole di frutta, signora Bini?   —
. Anche Suo marito?   —

4 . Cosa vuole per colazione, signora Svensson?   —
. Anche Suo marito?   —

5 . Cosa vuole dopo la frutta, signor Galli?   —
. Anche Sua moglie?   —

Esercizio 2   Preferite, preferiamo

. Dove preferite andare stasera?
— *Preferiamo andare a ballare.*

1 . Dove preferite andare quest'estate?   —
2 . Dove preferite andare in giugno?   —
3 . Dove preferite andare stasera?   —
4 . Dove preferite andare in luglio?   —
5 . Dove preferite andare stasera?   —

Esercizio 3   Volete, vogliamo

. *Cosa volete fare?*
— *Vogliamo andare a ballare.*

1 .   —
2 .   —
3 .   —
4 .   —
5 .   —

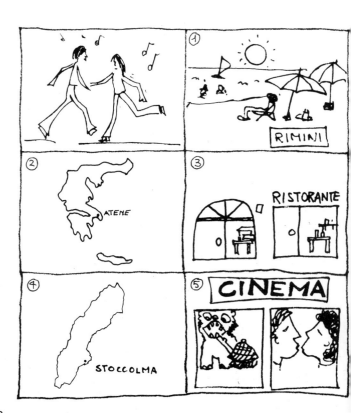

Esercizio 4   Vuoi, voglio   Preferisci, preferisco

CLARA

. Vuoi andare in un «night», Elena?
— *No, voglio andare in una discoteca.*
. *E tu, Clara, dove preferisci andare?*
— *Io preferisco andare in un «night».*

CARLO

1 . Vuoi andare in un ristorante italiano, Renato?

—

.   —

LUISA

2 . Vuoi andare a Creta, Anna?

—

.   —

PAOLO

3 . Vuoi andare a Rimini, Mauro?

—

.   —

PATRIZIA

4 . Vuoi andare a teatro, Sandro?

—

.   —

TULLIO

5 . Vuoi andare a Stoccolma, Piero?

—

.   —

Esercizio 5   Quel Quei

. E' di Roberto quel libro?
— *No, quel libro è di Sandra,*
  quei giornali sono di Roberto.

1 . E' di Anna quel cappello?

—

2 . E' di Valeria quel trenino?

—

3 . E' di Giorgio quel pacco?

—

Esercizio 6   Quell' Quello Quegli

. E' di Maria quell'anello?
— *No, quell'anello è di Laura,*
  quegli orologi sono di Maria.

1 . E' di Teresa quello specchio?
—

2 . E' di Aldo quell'ombrello?
—

3 . E' di Fabrizio quell'automobile?
—

Esercizio 7   Preferisce, preferisco

. Che vino preferisce, signor Cambiaghi?
— *Preferisco un vino rosso, il Barbera.*
. E Maria?
— *Anche lei preferisce il Barbera, credo.*

1 . Che vino preferisce, signor Ghirri?   —
. E Carlo?   —

2 . Che vino preferisce, signor Romano?   —
. E Paolo?   —

3 . Che vino preferisce, signor Bergamaschi?   —
. E Eva?   —

4 . Che vino preferisce, signor Vannucci?   —
. E Maura?   —

5 . Che vino preferisce, signor Mealli?   —
. E Cristina?   —

Esercizio 8   Volere. Tutte le forme

. Vuole andare a ballare, signorina?
— *No, voglio andare a teatro.*

1. Volete andare a Roma? —
2. Vuole andare all'opera Gianna? —
3. Vogliono il vino rosso, signori? —
4. Vuoi andare in una discoteca? —
5. Vuole la carne, signora? —
6. Volete gli spaghetti? —
7. Vuole andare a Parigi la signora Biondi? —
8. Vogliono partire con l'aereo i signori Parri? —

Esercizio 9   Preferire. Tutte le forme

. Preferisci il ristorante italiano o il ristorante francese?
— *Preferisco il ristorante italiano.*

1. Preferite Rimini o Alassio? —
2. Prerisce il treno o l'aereo Massimo? —
3. Preferiscono la frutta o il formaggio, signori? —
4. Preferisce Atene o Creta, signora? —
5. Preferisci Stoccolma o Uppsala? —
6. Preferisce l'opera o il teatro la signora Pagani? —
7. Preferiscono il vino rosso o il vino bianco i signori Sandri? —

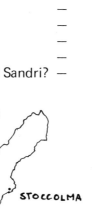

LA DONNA È MOBILE.

Esercizio 10   Finire. Tutte le forme

. A che ora finisce di lavorare Mariella stasera?
— *Finisce alle sei.*

1 . A che ora finite di lavorare stasera?
2 . A che ora finiscono di lavorare Sandra
     e Renato stasera?
3 . A che ora finisci di lavorare stasera?
4 . A che ora finisce di lavorare stasera, signorina?
5 . A che ora finisce di lavorare la signora
     Poli stasera?

—
—
—
—
—

Esercizio 11   Desidera. Vorrei

. Cosa desidera, signora?
— *Vorrei la pizza.*

1 . Cosa desidera, signora?   —
2 . Cosa desidera, signorina?   —
3 . Cosa desidera, signora?   —
4 . Cosa desidera, signore?   —
5 . Cosa desidera, signorina?   —

Esercizio 12   Desiderano. Vorremmo

. Cosa desiderano, signori?
— *Vorremmo un vino bianco, l'Orvieto.*

1 . Cosa desiderano, signori?   —
2 . Cosa desiderano, signori?   —
3 . Cosa desiderano, signori?   —
4 . Cosa desiderano, signori?   —
5 . Cosa desiderano, signori?   —

Da «Paolone» — Trattoria tipica di campagna

Gunilla	.	Che bel posto e che fresco sotto questi alberi!
Carlo	—	Qui si mangia molto bene e non si spende molto. Conosco i piatti caratteristici di questa trattoria. Vengo spesso qui d'estate quando in città fa molto caldo.
Gunilla	.	Ho una fame da morire, voglio qualcosa di veramente tipico. Puoi ordinare anche per me, per favore? Non voglio neanche vedere il menu. Ci sono tanti piatti sui menu italiani e diversi da regione a regione ...
Carlo	—	Paolone. Un litro della casa, rosso; due risotti con funghi e lepre in salmì per tutti e due.
Paolone	:	Cosa volete di contorno?
Carlo	—	Patate fritte e fagiolini, grazie.
Gunilla	.	Scusa Carlo, il cameriere ha detto «volete» ma io, a scuola, ho imparato che i camerieri usano la forma di cortesia coi clienti cioè «vogliono», «desiderano», ecc..
Carlo	—	E' vero, i camerieri dei ristoranti più fini e costosi usano questa forma. Ad ogni modo non è scortese usare «volete», «desiderate» ecc. E poi, qui da Paolone, come vedi, l'atmosfera è molto familiare.

ALLA POSTA

Carlo Rossi è impiegato all'ufficio postale in via Moscova, a Milano.
Ha ventotto anni. E' il suo primo lavoro fisso. Dal lunedì al venerdì
comincia alle otto e finisce alle diciassette e trenta. A mezzogiorno
non va mai a casa a mangiare. Spesso va con gli amici in una piccola
trattoria nella piazza vicina. Con loro parla volentieri di francobolli
perché è il suo passatempo preferito.

In genere lavora allo sportello numero tre. Risponde alle domande della
gente, aiuta a riempire i moduli per depositare o ritirare i soldi.
Quando lavora allo sportello cinque, riceve i pacchi, li pesa e li spedisce.
Nel pomeriggio, quando gli sportelli sono chiusi, prende le lettere in
partenza e le divide secondo i luoghi di destinazione.
Trova che è un lavoro noioso ma non è facile trovare un altro lavoro fisso.

Il suo collega, Luigi Bianchi, lavora allo sportello «Telegrammi», riceve
i messaggi, conta le parole, calcola il prezzo del telegramma e lo spedisce.
«Venticinque (25) parole, tremilaottocentotrentacinque (3.835) lire.
Ecco a Lei, signora. Millecentosessantacinque (1.165) lire di resto».

Per lui il lavoro è più divertente. Soprattutto quando legge il contenuto di
telegrammi misteriosi come: «Caso risolto. Perché insistere. Scegliere uomo
adatto. Saluti. Il pilota» o di telegrammi chiaramente più comprensibili:
«Ti aspetto ardentemente. Oggi più di ieri e meno di domani. Per sempre tuo.
Due milioni di baci. Pasquale».

A chi scrivi questa lettera?   La scrivo a Massimo.
Quando compri quei libri?   Li compro domani.
Incontri Maria e Chiara nel pomeriggio?   No, le incontro stasera.
Dove spedisce questo pacco?   Lo spedisco a Genova.
Luigi viene con te.
A lui regalo una penna e a lei un anello.
Sandro viene da me domani.
A voi Marco scrive da Roma, a noi da Palermo.
Con loro parla sempre volentieri di cucina.

7 + 8	=	15	Sette più otto fa (uguale a) quindici.
31 − 11	=	20	Trentuno meno undici fa (uguale a) venti.
9 X 6	=	54	Nove per sei fa (uguale a) cinquantaquattro.
1.800 : 30	=	60	Milleottocento diviso trenta fa (uguale a) sessanta.

A   Azioni tra persone

Mauro incontra Carla al ristorante.
L'incontra stasera.

Luigi vede Paolo al bar.
Lo vede domani.

Carlo aspetta Federico e Giulio al cinema.
Li aspetta alle sette.

Piero invita Clara all'opera.
L'invita alla «prima».

Maria saluta Sofia e Grazia alla stazione.
Le saluta dal marciapiede.

Giorgio accompagna Franco e Aldo al museo.
Li accompagna lunedì.

B   Acquisti in alcuni negozi

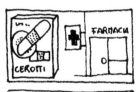

Giorgio compra i cerotti.
Li compra in questa farmacia.

Sandra compra le scarpe.
Le compra in questa calzoleria.

Lina compra la carne.
La compra in questa macelleria.

Piero compra i libri.
Li compra in questa libreria.

Maura compra le sigarette.
Le compra in questa tabaccheria.

Clara compra il vino.
Lo compra in questa bottiglieria.

Olga compra il burro.
Lo compra in questa latteria.

Luciana compra la birra.
La compra in questa drogheria.

In ogni posto una cosa

I fiammiferi sono nel cassetto a destra.

I bagagli sono nello scompartimento numero quattro.

I cappello è nell'armadio a destra.

Il pane è nel cestino rosso.

I biscotti sono nella scatola gialla.

Il vino è nei bicchieri piccoli.

I libri sono nelle borse nere.

I vestiti sono negli armadi a sinistra.

D Il giorno, la destinazione e la compagnia

Luigi parte lunedì. Va a Roma, con Piero.
Carlo parte martedì. Va a Venezia, con Luisa.
Sandra parte mercoledì. Va a Napoli, con Carmelo.
Giovanni parte giovedì. Va a Pisa con Maura e Anna.
Giuseppe parte venerdì. Va a Milano con Giorgio.
Michele parte sabato. Va a Parigi con Aldo e Franco.
Luciana parte domenica. Va a Stoccolma con Paola.

PIERO

LUISA

CARMELO

MAURA

ANNA

GIORGIO

ALDO

FRANCO

PAOLA

91

E Spese grandi e piccole

Mario compra una rivista e spende 450 (quattrocentocinquanta) lire.

Sandro compra un pacchetto di sigarette e spende 660 (seicentosessanta) lire.

Maura compra un chilo di carne e spende 4.850 (quattromilaottocentocinquanta) lire.

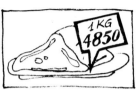

Carlo compra una camicia e spende 16.720 (sedicimilasettecentoventi) lire.

Maddalena compra mezzo chilo di formaggio e spende 1.230 (milleduecentotrenta) lire.

Stefano compra un televisore e spende 378.000 (trecentosettantottomila) lire.

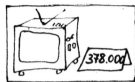

Emilio compra un'automobile e spende 4.500.000 (quattro milioni cinquecentomila) lire.

Marcello compra una bottiglia di vino e spende 615 (seicentoquindici) lire.

Esercizio 1 Lo, la, li, le

. Chi incontra Mauro?
— *Incontra Carla.*
. *Dove l'incontra?*
— *L'incontra al ristorante.*

1 . Chi vede Luigi?
—
.
—

2 . Chi aspetta Carlo?
—
.
—

3. Chi invita Piero?

—

·

—

4. Chi saluta Maria?

—

·

—

5. Chi accompagna Giorgio?

—

·

—

Esercizio 2   Lo, la, li, le

· Cosa compri?   — *Compro i cerotti.*
· *Dove li compri?*   — *Li compro in questa farmacia.*

1. Cosa compri?   —

·   —

2. Cosa compri?   —

·   —

3. Cosa compri?   —

·   —

4. Cosa compri?   —

·   —

5. Cosa compri?   —

·   —

6. Cosa compri?   —

·   —

7. Cosa compri?   —

·   —

Esercizio 3   Nel, nella, nello, nell', nei, nelle, negli

.   Dove sono i fiammiferi?
—   *Sono nel cassetto a destra.*

1.   Dove sono i bagagli?
    —

2.   Dove sono i vestiti?
    —

3.   Dov'è il pane?
    —

4.   Dove sono i biscotti?
    —

5.   Dov'è il vino?
    —

6.   Dove sono i libri?
    —

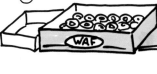

Esercizio 4   Con lui (lei, loro)

.   Parti lunedì?
—   *Sì, vado a Roma.*
.   Con chi vai?
—   *Vado con Piero. Vieni anche tu?*
.   *No, con lui non vengo.*

1.   Parti martedì?   —
.   Con chi vai?   —
.

2.   Parti mercoledì?   —
.   Con chi vai?   —
.

3.   Parti giovedì?   —
.   Con chi vai?   —
.

4.   Parti venerdì?   —
.   Con chi vai?   —

5.   Parti sabato?   —
.   Con chi vai?   —
.

6.   Parti domenica?   —
.   Con chi vai?   —
.

Esercizio 5   Numerali

. Cosa compra Mario?
. Quanto spende?
. Anna compra due riviste.
  Quanto spende?

— *Compra una rivista.*
— *Quattrocentocinquanta lire.*

— *Spende novecento lire.*

. Cosa compra Sandro?
. Quanto spende?
. Fabrizio compra due pacchetti di sigarette.
  Quanto spende?

—
—

—

2 . Cosa compra Maura?
. Quanto spende?
. Armanda compra due chili di carne.
  Quanto spende?

—
—

—

3 . Cosa compra Carlo?
. Quanto spende?
. Giorgio compra tre camicie.
  Quanto spende?

—
—

—

4 . Cosa compra Maddalena?
. Quanto spende?
. La signora Luisa compra un chilo di formaggio.
  Quanto spende?

—
—

—

5 . Cosa compra Stefano?
. Quanto spende?
. Lo paga in due rate. Quanto paga ogni volta?

—
—
—

6 . Cosa compra Emilio?
. Quanto spende?
. La paga in tre rate. Quanto paga ogni volta?

—
—
—

7 . Cosa compra Marcello?
. Quanto spende?
. Michele compra tre bottiglie. Quanto spende?

—
—
—

Esercizio 6   Pronomi personali   Lo, la, li, le

. Dove incontrate Sandra?
— *L'incontriamo alla trattoria.*

1. Dove incontri Piero?
   —

2. Dove incontra i Suoi amici, signorina?
   —

3. Mario e Giorgio dove incontrano quelle ragazze?
   —

4. Laura dove incontra Roberta?
   —

5. Dove incontrate Aldo e Graziella?
   —

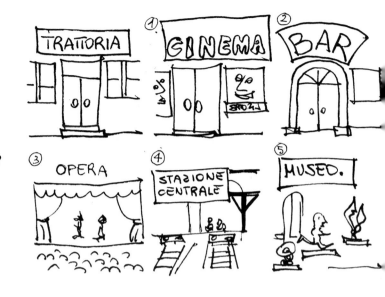

Esercizio 7   Lo, la, li, le

. *Compri le scarpe oggi?*   — *No, le compro domani.*

1.   —
2.   —
3.   —
4.   —
5.   —
6.   —

In coda alla posta

Signora	. Che coda lunga oggi! Quando si ha fretta...
Signore	— A quest'ora c'è sempre molta gente allo sportello dei pacchi.
Signora	. Perché?
Signore	— Perché le ditte e gli uffici preferiscono fare una spedizione unica. Anch'io, come vede, ho diversi pacchi della mia ditta. Li spedisco sempre a quest'ora per evitare di venire alla posta due o tre volte al giorno.
Signora	. Non ho fortuna! Quando si ha fretta ... Mi scusi, ma è la prima volta che spedisco un pacco all'estero. Mi può dire come devo fare? Così risparmio tempo.
Signore	— Certo, signora. Vedo che il pacco è già confezionato nel modo giusto. Quindi non deve far altro che riempire questi moduli. L'aiuto io. E' subito fatto.
Signora	. Grazie. Lo devo spedire in Inghilterra. Quanto costa pressappoco?
Signore	— Se non pesa più di cinque chili, tre o quattro mila lire, credo. Se è urgente, due o tre mila lire in più.
Signora	. Non c'è fretta per il pacco. Sono io che ho fretta. Devo partire. Che ore sono?
Signore	— Ho capito. Prego, signora. Può prendere il mio posto in coda. E' il mio turno, anzi il Suo.

SULLA SPIAGGIA

La vacanza al mare è popolare in estate. Alcuni preferiscono la spiaggia
di sabbia, altri, invece, gli scogli. Su una spiaggia tipica ci sono
ombrelloni, cabine e sedie a sdraio che il bagnino noleggia ai bagnanti.
Inoltre molti alberghi hanno delle cabine riservate ai clienti.

Spesso c'è anche un bar o un chiosco. Sulle spiagge più frequentate ci
sono «mosconi» e barche a vela e c'è la possibilità di fare sci nautico e
gite in motoscafo.

Le spiagge sono affollate soprattutto durante i mesi estivi: giugno,
luglio, agosto e settembre. Alcuni turisti, spesso del nordeuropa, fanno
i bagni già in aprile e maggio, ma per gli italiani fa ancora troppo
freddo. Aspettano il caldo dell'estate. Raramente ci sono delle brutte giornate
in estate. Quando c'è tempesta una bandierina rossa indica che è pericoloso
andare «al largo». Quando piove, purtroppo, i bagnanti non possono andare in
spiaggia.

Prendere il sole e nuotare sono le occupazioni più piacevoli sulla spiaggia
e al ritorno dalle vacanze rimane per alcune settimane un ricordo visibile:
l'abbronzatura.

Cosa fa, signorina?	Non so, forse faccio una visita a quel museo.
Cosa fai domani?	Faccio una gita a Capri.
Cosa fate stasera?	Facciamo un giro in città.
Dov'è la bottiglia dell'olio?	E' davanti al sacchetto della frutta.
	La bottiglia dell'aceto è dietro la caffettiera.
Sono tuoi questi giornali?	No, miei non sono, forse sono suoi.
Sono tue queste cartoline?	No, mie non sono, forse sono sue.
Sono Suoi questi fiammiferi, signorina?	Sì, sono miei, grazie.

A Cosa fanno queste persone?

Stasera il signor Sandrelli fa un giro in città con Paolo.
Domani la signora Mauri fa un viaggio a Capri con Mirella.
Stasera la signora Pirri fa una gita al lago con Mario.
Domani il signor Chiari fa un viaggio a Pisa con Carlo.
Domani il signor Riva fa un'escursione in montagna con Sandro.
Domani la signora Valeri fa una gita al mare con Roberta.

B Davanti e dietro

Dietro la poltrona c'è la lampada e davanti
al divano c'è il tavolino.

Davanti alla porta c'è il tappeto e dietro
la scrivania c'è la sedia.

Dietro le bottiglie ci sono i piatti e davanti
alle tazze ci sono i bicchieri.

Davanti alla macchina c'è la moto e dietro
l'autobus c'è il taxi.

Dietro la caffettiera ci sono i biscotti
e davanti al portacenere ci sono le sigarette.

C Le sigarette sono sue ma i fiammiferi non sono suoi

Queste sigarette sono di Carlo
ma questi fiammiferi non sono suoi, sono di Mario.

Questi giornali sono di Giacomo
ma queste riviste non sono sue, sono di Laura.

Queste cartoline sono di Bruno
ma questi francobolli non sono suoi, sono di Flavia.

Questi accendini sono di Valerio
ma queste pipe non sono sue, sono di Piero.

Queste penne sono di Gianni
ma queste matite non sono sue, sono di Luigi.

Questi orecchini sono di Renata
ma questi guanti non sono suoi, sono di Grazia.

Queste scarpe sono di Luciano
ma questi stivali non sono suoi, sono di Vincenzo.

Esercizio 1   Fai, faccio

. Fai un giro, Paolo?
— *Sì, faccio un giro in città.*
. *Quando lo fai?*
— *Lo faccio domani perché sono libero.*

1 . Fai un viaggio, Mirella?   —
                                —

2 . Fai una gita, Mario?   —
   .   —

3 . Fai un viaggio, Carlo?   —
   .   —

4 . Fai un'escursione, Sandro? —
   .   —

5 . Fai una gita, Roberta?   —
   .   —

101

Esercizio 2   Fate, facciamo

.   Fate un giro con noi in campagna?
— *No, grazie, noi lo facciamo in città.*

1.   Fate un viaggio con noi a Ischia?

   —

2.   Fate una gita con noi al parco?

   —

3.   Fate un viaggio con noi a Firenze?

   —

4.   Fate una gita con noi al fiume?

   —

5.   Fate un'escursione con noi nella grotta?

   —

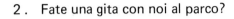

Esercizio 3   Davanti a, dietro

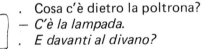

.   Cosa c'è dietro la poltrona?
— *C'è la lampada.*
.   *E davanti al divano?*
— *C'è il tavolino.*

1.   Cosa c'è dietro la scrivania?

   —
   .

2.   Cosa c'è dietro le bottiglie?

   —
   .

3.   Cosa c'è dietro l'autobus?

   —
   .

4.   Cosa c'è dietro la caffettiera?

   —
   .

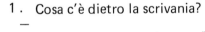

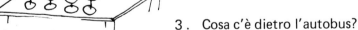

Esercizio 4   Miei, tuoi, suoi. Mie, tue, sue

. Sono tue o di Mario queste sigarette?
— *Sono mie, ma i fiammiferi sono suoi.*

. Sono tuoi o di Laura questi giornali?
—

. Sono tue o di Flavia queste cartoline?
—

3 . Sono tuoi o di Piero questi accendini?
—

4 . Sono tue o di Vincenzo queste scarpe?
—

5 . Sono tue o di Luigi queste penne?
—

6 . Sono tuoi o di Grazia questi orecchini?
—

Esercizio 5   Fare. Tutte le forme

. Cosa fa domani, signora?
— *Faccio una gita in città.*

1 . Cosa fate domani?
—

2 . Cosa fa Carla domani?
—

3 . Cosa fai domani?
—

4 . Cosa fanno domani i tuoi amici?
—

5 . Cosa fa domani, signorina?
—

Esercizio 6   Fare. Tutte le forme

. Quando fai la gita al lago?
— *La faccio lunedì perché domani non ho tempo.*

1 . Quando fate la visita al museo?
—

2 . Quando fa la gita a Capri, signorina?
—

3 . Quando fanno il viaggio a Firenze Carlo e Marianna?
—

4 . Quando fa l'escursione in montagna tua sorella?
—

5 . Quando fai il viaggio a Napoli?
—

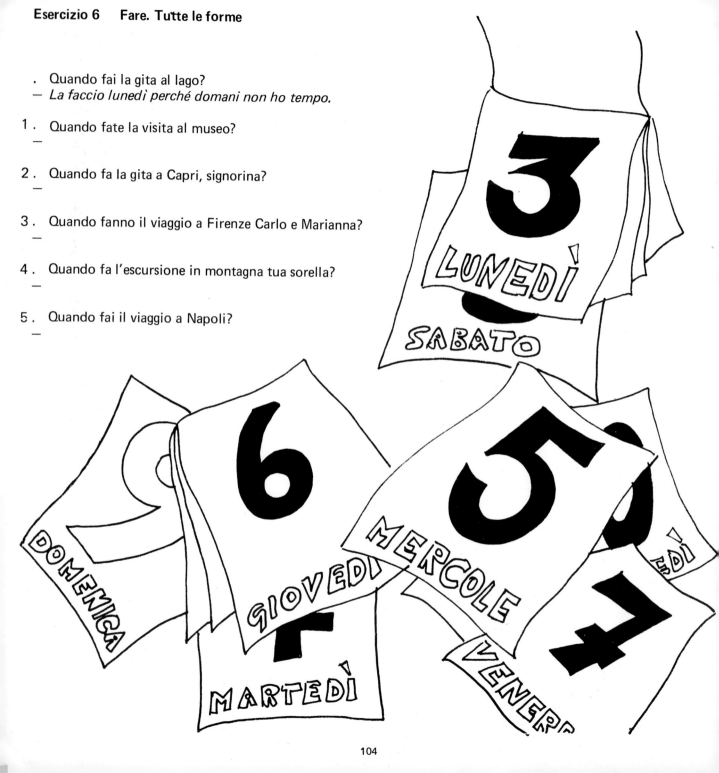

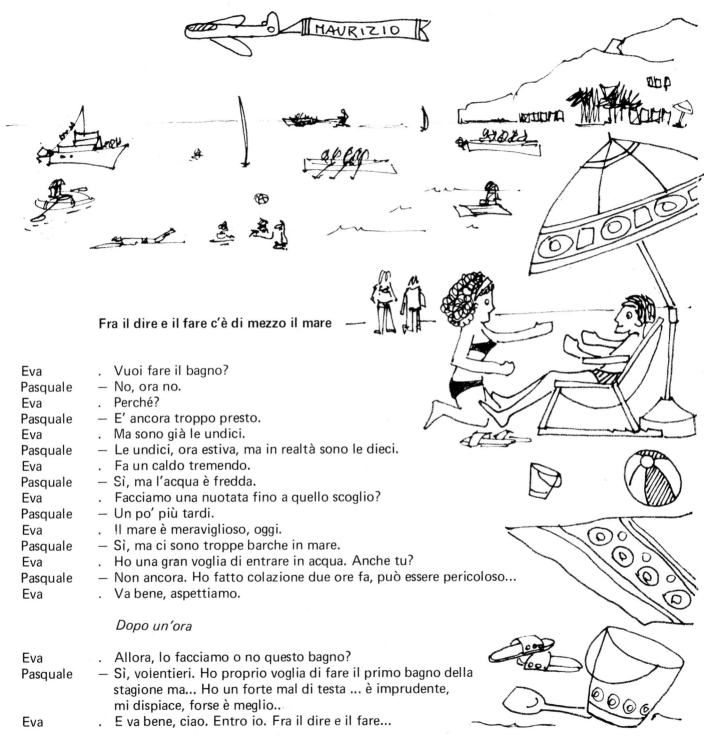

Fra il dire e il fare c'è di mezzo il mare

Eva   . Vuoi fare il bagno?
Pasquale   — No, ora no.
Eva   . Perché?
Pasquale   — E' ancora troppo presto.
Eva   . Ma sono già le undici.
Pasquale   — Le undici, ora estiva, ma in realtà sono le dieci.
Eva   . Fa un caldo tremendo.
Pasquale   — Sì, ma l'acqua è fredda.
Eva   . Facciamo una nuotata fino a quello scoglio?
Pasquale   — Un po' più tardi.
Eva   . Il mare è meraviglioso, oggi.
Pasquale   — Sì, ma ci sono troppe barche in mare.
Eva   . Ho una gran voglia di entrare in acqua. Anche tu?
Pasquale   — Non ancora. Ho fatto colazione due ore fa, può essere pericoloso...
Eva   . Va bene, aspettiamo.

         Dopo un'ora

Eva   . Allora, lo facciamo o no questo bagno?
Pasquale   — Sì, volentieri. Ho proprio voglia di fare il primo bagno della
               stagione ma... Ho un forte mal di testa ... è imprudente,
               mi dispiace, forse è meglio...
Eva   . E va bene, ciao. Entro io. Fra il dire e il fare...

105

FINITO DI STAMPARE DALLA
COPIGRAF — NOVEDRATE (CO) — ITALIA
NEL MESE DI MAGGIO 1983